「その後」が凄かった！
関ヶ原敗将復活への道

【大活字版】

二木謙一 編著

はじめに――「敗者復活型」人間の知恵と生きざまに学ぶ

関ヶ原敗将から学ぶ処世術

慶長五年（一六〇〇）九月に行なわれた関ヶ原合戦は、日本列島のすべてを巻き込んだ大規模なものであった。

事の起こりは、太閤秀吉《たいこうひでよし》死後における豊臣《とよとみ》政権の動揺とともに、表面化した武将間の権力闘争に端を発しているが、この合戦で大勝した徳川家康《とくがわいえやす》は、その後一年ほどの間に政界の主導権を掌握した。

戦後の論功行賞《ろんこうこうしょう》により、東軍に味方した諸将はいずれも優遇されて所領を増やしたが、西軍に加担した一五〇家ほどの大名の運命はじつに惨憺《さんたん》たるものであった。

本書は、関ヶ原合戦で敗者となった武将の「その後」の生きざまを追跡し、復活を遂げた武将の処世術や、何が成功と失敗との分かれ目となったかを考察し、現代に生きる知恵を探りたいと意図したものである。第一章では敗将になった武将たちの行動に焦点を当て、復活劇への導入部としている。ここでは西軍を裏切った者も、結果的には世間や家中から制裁を受けることになったことがわかる。

そこで、戦後の論功行賞の結果に照らしつつ、敗者となった武将たちと家康との関係について、豊臣政権の四大老、五奉行、およびその他の武将たちとに分けて整理を試みたところ、従来の理解とはいささか異なる関ヶ原合戦の本質が見えてきた。

太閤秀吉の死後、豊臣家の置目《おきめ》を蔑《ないがし》ろにするような家康の振る舞いは波紋を広げ、他の大老や奉行たちとの間の確執が深まった。ついで石田三成《いしだみつなり》による家康排斥の動きが強まると、家康としても自己防衛のために対抗せざるを得なくなっていく。

そしてついには政権簒奪《さんだつ》の意思を固め、天下取りへの戦いを起こした時、家康の胸中は豊臣家の大老や奉行のすべてを抹殺、もしくは大きな打撃を与えて再起不能にまで追い込むとの決意に溢れていたように思われる。

関ヶ原合戦直前における五大老の勢力は、禄高順でいえば、徳川家康の二五〇万石を筆頭にして、以下毛利輝元《もうりてるもと》の一二〇万五〇〇〇石（小早川《こばやかわ》、吉川《きっかわ》ら毛利一族を合わせて約一七〇万石）、上杉景勝《うえすぎかげかつ》の一二〇万石、前田利長《まえだとしなが》の八三万五〇〇〇石（前田一族では約一〇五万石）、そして宇喜多秀家《うきたひでいえ》の五七万石というところである。

こうした中で、家康が天下取りへの野望を行動に移したのは、豊臣政権の重鎮前田利家《としいえ》が死去した、慶長四年（一五九九）閏《うるう》三月以後のことである。大坂にいた四大老に帰国を勧めたうえで、彼らに難癖を付けはじめる。おそらく家康は、四大老の各個撃破を策していたのであろう。

その手始めは前田利長で、大坂城において催された九月九日の重陽《ちょうよう》の節句の宴に家康の暗殺計画があり、背後に利長が絡んでいたというのである。真相は明らかでないが、家康はこの機を逃さず加賀征伐の脅しをかけた。この時、前田家中には家康打倒の意見も多かったが、利長はそうした強硬派を抑えて家康への服従を選び、人質として実母の芳春院《ほうしゅんいん》を江戸に送った。

次に標的としたのは上杉景勝であった。慶長五年六月、家康は豊臣家への出仕を怠り、謀叛を企てている上杉景勝を征伐するという名目のもとに会津遠征軍を起こした。しかも会津遠征に際し、家康は豊臣家武将の多くに参加を求めた。それは石田三成らが挙兵した場合に備え、豊臣家武将の勢力分断を図ったからである。

ともあれ家康とすれば、いずれ毛利と上杉は叩かなければならない相手で、まずは会津に兵を向けて上方を留守にしている間に、三成に兵を挙げさせようという高等戦略をしかけた。

そして案の定、この会津遠征のために東下していた家康の隙を狙って三成が挙兵し、毛利輝元も安国寺恵瓊《あんこくじえけい》らに引っ張り込まれて大坂城に入り、西軍の総大将に担がれた。まさに家康の思惑どおりに事が運ばれたのであった。

かくして九月十五日、関ヶ原における東西両軍の決戦となり、家康が大勝利を収めた。従来は関ヶ原合戦と言えば、家康と石田三成との対決といった形で捉えられているが、じつは家康と毛利一族との対決であった。そして家康は吉川、小早川を調略して毛利一族の勢力を分断し、これを手玉にとって勝利を得たと言えるだろう。

敵対した大名を厳しく処断した家康

戦後の四大老に対する処分と言えば、毛利輝元は中国地方の八ヶ国を削られ、周防《すおう》と長門《ながと》の二ヶ国となり、禄高は一二〇万五〇〇〇石から三六万九〇〇〇石に転落した。また上杉景勝は会津一二〇万石から米沢三〇万石に減封《げんぽう》となった。この上杉景勝と毛利輝元に対する世間の評価は厳しい。ことに輝元に至っては、世間知らずの三代目とさえ嘲笑されている。

けれども景勝は、謙信《けんしん》以来の不撓不屈《ふとうふくつ》を誇りとする家中の気風を重んじ、家康の挑発に対しては気骨を示して抵抗し、上杉家の誇りと面目を傷つけなかった。

また輝元も、家中の硬軟両派の対立に悩みながらも、どうにか滅亡の危機を乗り越えた。ともに大幅減封となったとは言え、栄光ある上杉、毛利の家名と血脈を存続させたことは、上出来と評価できるであろう。

ところが、大老の中で前田利長だけは、八三万五〇〇〇石から一一九万五〇〇〇石への加増と厚遇されている。これはいまだ重鎮利家の威光が残り、家康としても豊臣系大名らの反発を招くことを避けたのであろう。

なお宇喜多秀家は、西軍の副将格で関ヶ原に参戦して大敗する。からくも戦場を脱出して薩摩の島津《しまづ》を頼るが、後に出頭して謝罪し、命だけは助けられて八丈島《はちじょうじま》に流される。これは秀家がかつて秀吉の猶子《ゆうし》となり、秀吉の養女であった前田利家の娘の豪姫《ごうひめ》を妻としていたことも考慮されたのであろう。

次に奉行である。奉行とは政務を分掌して担当する行政官で、奉行衆といったように人員も不定であった。しかし秀吉は晩年におよび、嗣子秀頼《ひでより》と豊臣家の行く末を心配し、組織・体制の力によって守ろうと考え、五大老と同時に五奉行制を定めた。その成立は慶長三年（一五九八）七月のことで、五奉行は前田玄以《まえだげんい》、浅野長政《あさのながまさ》、石田三成、長束正家《なつかまさいえ》、増田長盛《ましたながもり》とされた。

関ヶ原合戦後、五奉行では前田玄以と浅野長政の二人は無罪とされたが、他の三人の運命は厳しいものとなった。

前田玄以は、もと比叡山の法師であったが、行政の才に秀で、信長と秀吉に重用されて京中の政務を統轄し、朝廷から民部《みんぶ》卿《きょう》法印《ほういん》の僧官と徳善院《とくぜんいん》の称号をも授けられていた。

秀吉の死後、石田と徳川の間に抗争が生じると、当初は大坂城にいたことから三成の要請を受けて、家康の罪悪十三ヵ条を列挙した「内府違いの条々」に、玄以も長束や増田とともに三奉行として名を連ねた。

しかしその後は、三成の挙兵を会津遠征東下中の家康に通報し、河内天野《かわちあまの》に閑居して戦闘には参加しなかった。そして関ヶ原合戦後、細川忠興《ほそかわただおき》の取り成しにより家康に拝謁して本領安堵を受けた。

また浅野長政は、早くから徳川家康と親交があったため石田一派の反感を買い、家康が三成に讒言された時、家康の政略もあって武蔵府中に蟄居させられた。長政は高台院《こうだいいん》（お禰《ね》）の妹婿で、また子息の幸長《よしなが》は、石田らと対立する武功派七人衆の一人であったため、長政はもともと親家康であった。

残る三人は、家康としてはいずれも許し難き者たちである、石田三成は家康打倒を諸大名に呼びかけ、関ヶ原合戦を引き起こした張本人である。敗戦後に逃走したが捕えられ、小西行長《こにしゆきなが》、安国寺恵瓊とともに京都六条河原で斬首、三条橋に梟首《きょうしゅ》された。

長束正家は、伊勢に出兵して安濃津《あのつ》城攻めにも参加し、関ヶ原では南宮山《なんぐうさん》周辺に布陣したが、吉川広家《ひろいえ》に遮られて近江水口《みなくち》城に退いた。だが池田長吉《いけだながよし》に欺かれて城を出たところを捕らえられ、十月三日に切腹を命じられている。

また増田長盛は、大坂城の留守居として関ヶ原には出兵せず、戦後出家して家康に謝罪した。そこで大和郡山《こおりやま》二〇万石の所領と、城内に蓄えていた金一九〇〇〇枚と銀五〇〇〇枚を没収のうえ、命だけは助けられて高野山に追放されている。

そしていま一つ、家康とその他の豊臣家武将たちとの関係である。九月十五日の美濃関ヶ原決戦で東軍方となった、豊臣家武将の福島正則《ふくしままさのり》、池田輝政《てるまさ》、黒田長政《くろだながまさ》、加藤《かとう》嘉明《よしあき》らをはじめとする八十余人のほとんどは、会津遠征に際して家康と行動をともにした武将たちである。

しかも決戦における東軍の総兵力は七万四〇〇〇、そのうち豊臣家武将の兵数はおよそ五万六〇〇〇と言うから、家康が会津遠征を名目に豊臣家武将の勢力分断をはかるという思惑は、みごとに成功したと言える。

一方、美濃決戦における西軍の兵力は約八万二〇〇〇、その多くは豊臣家直臣の諸将で、そのほかに島津義弘《よしひろ》、長宗我部盛親《ちょうそかべもりちか》、立花宗茂《たちばなむねしげ》のように、当時大坂城に出仕していた者や、三成に誘われて入城した者もあった。

それゆえ家康としては、はじめから関ヶ原に集結して敵対した諸将はもとより、参戦はせずとも西軍支持を示す勢力のすべてを粉砕し、豊臣家に大打撃を加えることを意図していたに違いない。

また、戦後の論功行賞において、家康は西軍に加担した大名を改易にして、その所領四一六万一〇八四石を没収した。さらに減封した所領を合わせると、没収総高は六三二万四一九四石という膨大なものとなり、これは全国総石高の三四%にもおよんだという。大名は多くの家来を召し抱えていた。それゆえこの家臣も、主君の没落と同時に禄を失うことになる。その浪人の数を軍役《ぐんやく》から概算してみよう。

軍役とは、封建的な武家社会において、主君から所領・俸禄などを給与される御恩に対する奉公、すなわち家来が負担すべき義務を言い、その基本的な形は、自己の部隊と武器をもって戦闘に参加することであった。

戦国大名の兵力は、ふつう一万石につき二五〇人前後と言われた。それゆえ一〇万石ならば軍役は二五〇〇人となる。そこでこの基準を西軍大名の没収地にあてはめると、その軍役は一五万八〇〇〇人となる。このほかに各大名の国元には領国防備のために、家臣の二割程度の留守部隊を配置していたから、これを加えれば関ヶ原浪人の数は、二十万余にもおよんでいたと思われる。

戦国武将にとって、戦争とはあたかも博打のようなものであった。運よく勝者の側に立てば領地を拡大し、立身出世も可能となる。しかし不運にして敗者の側に立たされれば身の破滅を招き、生命・財産のすべてを失うだけでなく、家来とその家族の運命をも巻き込むのである。

現代人のヒントになる関ヶ原敗将たちの復活劇

ところで気になるのは、この関ヶ原浪人たちの復活、現代的に言えば倒産失業後の再就職はいかがなものであったのだろう。

総じて関ヶ原に敗れた将士らの復活は、きわめて厳しかった。それは徳川幕府の成立により戦乱の世が収まるとともに、諸大名には軍備縮小の傾向が表れ、兵力とする家臣の数も抑えられた。そうした中で、幕府から疑われるような関ヶ原浪人を召し抱えることなどは、尋常なことではなかったからである。

ちなみに、大坂の陣には、再仕官のあてもない関ヶ原浪人をはじめ、世嗣断絶や藩政の失敗、藩主の不行跡、罪人隠匿などさまざまな理由で改易されて主家を失い、徳川氏に遺恨を抱いている浪人や、幕府のキリスト教弾圧に抵抗したキリシタンなどが群集した。その数は一〇万にもおよんだという。

むろん史料からは大名・上級武士については、ある程度うかがうこともできる。

たとえば、島津義弘は関ヶ原の戦場を敵中突破して帰国を遂げ、家康からの上洛命令をも無視し、弱みを見せぬ強硬外交を取り続けたまま、根負けした家康から領国安堵を得た。この処置は、家康としても不本意であったろうが、戦後処理の長期化によって起こる社会の動揺を懸念したからである。しかしこれは、家康さえもが一目置いた手強い実力者義弘ならではのことで、例外に属す。

復活大名の主だったものと言えば、丹羽長重《にわながしげ》と立花宗茂《たちばなむねしげ》が挙げられる。丹羽長重は加賀小松《こまつ》一二万五〇〇〇石の領主であったが、関ヶ原に出陣しなかったため所領を没収された。けれども間もなく常陸に一万石、次いで陸奥棚倉《たなくら》五万石に加増され、大坂の陣後には陸奥四郡で一〇万石の大名に返り咲く。長重は戦闘指揮に秀で、土木・築城の技量にも優れていたので、その実力を評価されたのである。

立花宗茂も西軍に加担して失領するが、武将としての力量を認められて一万石を与えられ、さらに大坂の陣の戦功により旧領の筑後四郡一〇万九〇〇〇石を給され、柳川《やながわ》城に復帰した。

また滝川雄利《たきがわかつとし》は、伊勢の内三万石の所領を失うが、もともと豊臣家直臣時代から調略の才があり、見識も豊かで秀吉の御伽衆《おとぎしゅう》にも列していた。そのため関ヶ原の翌年には家康に召されて常陸《ひたち》に二万石を与えられ、御伽衆に加えられた。

そのほか対馬《つしま》の宗義智《そうよしとし》は、西軍として伏見城攻めに参加して失領するが、間もなく所領安堵を受けている。それは宗氏の朝鮮外交における功績は、他に代え難いものであったからである。

こうした関ヶ原敗将復活のありさまは、本書の主たるテーマである。そこからうかがわれるのは、何よりも勇猛・沈着で、知識・見識があり、抜群の技能や特殊な才能があること。また将軍や幕閣および有力大名との人脈を有していたこと。誠実で人格・人物に優れ、家臣にも慕われた名君であったこと。そして内通や裏切りなどによる戦功は、結局は嫌われたことなどが明らかである。

現代の厳しい社会状況の中で、企業の倒産やリストラ、左遷によって生き方を模索する人が多いと聞く。

関ヶ原合戦から四〇〇年以上も経ったが、人の心や考えは、時間の経過ほどに変化していない。大名家という企業が倒産し、すべてを失った大名たちが復活へ向けてどのように行動したかを知ることで、現代を生きる人たちのヒントになり、勇気づけられるだろう。

二〇一六年五月

國學院大學名誉教授　二木謙一

「その後」が凄かった！　関ヶ原敗将復活への道◆目次

第二章 見事に敗者復活した者たちの処世術

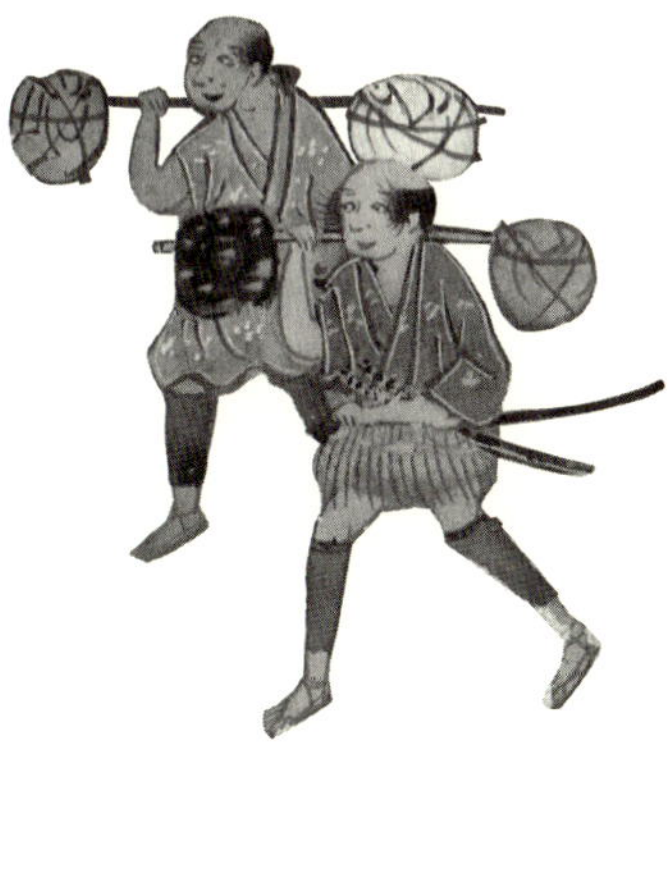

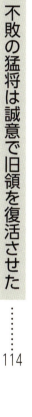

第三章 敗者体験をバネにできた者、できなかった者

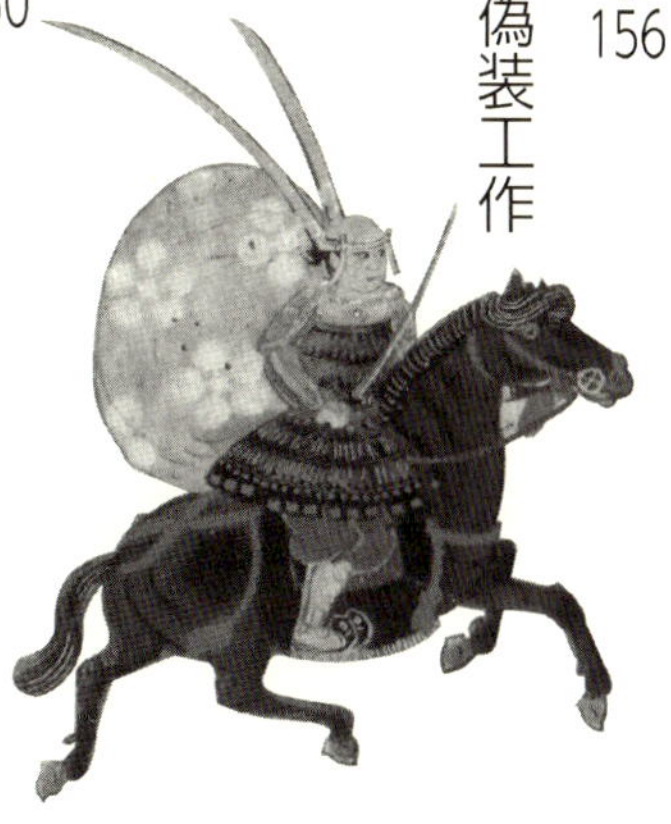

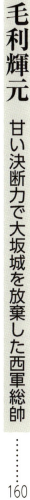

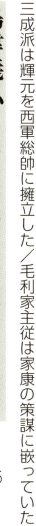

第四章　勝者になっても安泰ではない者たち

写真提供／関ヶ原町歴史民俗資料館、フォトライブラリー、SIMON

序章

敗者体験を活かした武将が生き残る

笹尾山から見た関ヶ原全景

武将たちは負けて学んだ

敗戦を体験した家康は負けなくなった

日本列島で稲作をするようになった弥生時代から、貯えている食料を収奪するため近隣同士の戦いが始まった。その後、戦闘が大規模になり、総力戦的な様相が濃厚になるのは戦国時代のことで、合戦に勝つことで領土を拡大していった。

戦いには勝者がいる反面で、敗者になる者がいる。合戦に敗れた武将は、領土が縮小され、家臣や領民の信望を失って離反を招き、その果てには滅亡するという致命的な打撃を受けることになる。

だが、戦国大名で軍神と言われた上杉謙信《うえすぎけんしん》も武田信玄《たけだしんげん》も、そして織田信長《おだのぶなが》、豊臣秀吉《とよとみひでよし》、徳川家康《とくがわいえやす》も敗戦を体験しているのだ。

彼らは戦いに敗れたとは言え、幸いにも命まで落とすには至らなかった。そして敗戦で学んだ信長は闘争心をより奮い立たせ、秀吉は敵を調略して最終的な勝利を得るために策動した。反省が彼らを名将にしたのである。

これらの英雄たちの中で、敗戦によって死の恐怖に襲われた体験を持つのは徳川家康である。元亀三年（一五七三）十二月、武田信玄が周到な準備をし、上洛を目して大軍を率いて遠江《とおとうみ》に侵攻してきた。

家康は同盟する信長に援軍を求めたが、信長は朝倉《あさくら》・浅井《あざい》との対応に追われており、三〇〇〇の兵を送ってきただけだった。血気にはやる家康は、武田勢が自領に踏み込む屈辱に耐えられず、重臣たちの反対を押し切って、果敢にも浜松城北方の三方ヶ原《みかたはら》に向かった。

戦いは戦力の劣る徳川方が一方的に敗れ、家康も討ち死に寸前まで追い詰められ、辛くも浜松城へ逃げ帰った。この時、家康は恐怖のあまり脱糞していたという。

家康は、この敗戦を教訓とし、どんな苦境にも忍耐で乗り切り、信長からこき使われても、嫌な顔をせずに各地の戦場を駆け回り、自ら強靱な精神を育て上げていった。そして戦いに負けなくなった。

後の関ヶ原合戦で、家康が大垣に集結する西軍を無視し、石田三成《いしだみつなり》の居城である佐《さ》和山《わやま》を抜き、大坂に向かうという情報を流したことは、自らが城外におびき出された、三方ヶ原での信玄の戦法を活かしたものであった。家康がこの戦いに勝利し、天下人への階段を一歩上ることができた裏には、敗戦体験を活かしたことにあったのだ。

敗者体験を関ヶ原合戦で活かした徳川家康の行動

秀吉は死の床で家康包囲網を考えた

天正十八年（一五九〇）、豊臣秀吉は小田原の北条《ほうじょう》氏を降し、念願の全国統一を果たした。秀吉は全国統一を急いだため、各地で割拠する諸大名の本領を安堵して傘下に入れた。そのため秀吉の豊臣政権は、全国の鉱山からの金銀を独り占めにしていたが、直轄地の知行高は二〇〇万石程度しかなく、臣下とする徳川家康の二五〇万石よりも少ないという、脆弱《ぜいじゃく》な基盤の上で成り立っていたのだ。

慶長三年（一五九八）五月に、天下人の豊臣秀吉が病に倒れた。秀吉は自らの死期が近いことを覚ったが、後継者の秀頼《ひでより》はわずか六歳でしかなく、政権の運営ができないのは明らかである。

秀吉自身が、信長の死後に織田家の後継者に五歳の三法師《さんぼうし》を選び、織田政権を簒奪《さんだつ》しており、自分の死後には突出した実力を持つ徳川家康が、豊臣政権に取って代わろうと行動することは容易に予測できた。

そこで秀吉は、秀頼が成人するまでは集団指導体制で豊臣政権を安定させることを目論んだ。秀頼を補佐する大老には、徳川家康、前田利家《まえだとしいえ》、毛利輝元《もうりてるもと》、上杉景勝《うえすぎかげかつ》、宇喜多秀家《うきたひでいえ》の五人の有力大名を選び、行政を担う「五奉行」には浅野長政《あさのながまさ》、石田三成《いしだみつなり》、長束正家《なつかまさいえ》、増田長盛《ましたながもり》、前田玄以《まえだげんい》を選んだ。

家康以外の九人は、秀吉の死の直後にアンチ家康とした者たちで、対家康包囲網ということからは、秀吉の人選は間違っていなかった。

そして秀頼の傅役《もりやく》は、若い頃から秀吉と親交を深めた前田利家とし、秀頼生母の淀殿《よどどの》の妹江《ごう》を、家康の跡継ぎ秀忠《ひでただ》に嫁がせ、二人の間に女子が誕生したら秀頼に娶《めあわ》せて、豊臣家の将来を徳川家との深い姻戚関係で安泰にさせようと考えていた。

秀吉は死の床で家康の手を取り「秀頼のことは、頼みましたぞ」と何度も頼み、大老と奉行に誓詞を交換させたが、そんなものは空しいものになることは、秀吉にはわかっていたことだ。だが家康の誠意に期待するしかなかったのである。慶長三年八月十八日、秀吉は豊臣家の行く末に心を残しながら、六二年の生涯を終えた。

秀吉の葬儀もできない豊臣家臣団の抗争

一代で地位を築いた秀吉には、代々の家臣という者はなく、信長の下で働いている間に、加藤清正《かとうきよまさ》や石田三成などの譜代家臣を育てていった。

秀吉子飼いとする大名で、尾張出身の加藤清正や福島正則《ふくしままさのり》らは、戦場で武功を挙げて大名になり武断派とされた。いわゆる制服組である。一方、石田三成など近江出身の者は行政能力があり文治派とされた。つまり背広組である。

生前の秀吉は、制服組と背広組をうまく使いこなし、政権の安泰のためには文治派を用いて主導させる、シビリアンコントロールを敷いていた。

この二派ともに、秀吉への強い忠誠心には変わりなく、ともに豊臣家の安泰を願っているのだが、武断派の諸将たちは、秀吉の側《そば》近くに仕えて、秀吉に自分たちを陥れる情報を吹き込む文治派を、獅子身中の虫としていた。

両派の対立は、朝鮮出兵で頂点に達した。秀吉は天正十三年（一五八五）から朝鮮出兵の構想を持っていたが、あまりにも突飛なため、誰も信じていなかった。だが天下が統一されるや、無謀な海外派兵が実行されることに誰もが驚いたが、絶対的な権力を握る秀吉に反対できる者はいなかった。

武断派諸将は前線で敵と死闘を繰り広げ、文治派諸将は現代では重要とされる兵站《へいたん》に従事していた。だが日本の軍隊では近代になっても、兵站部隊は実戦部隊から軽く見られていた。

文治派諸将には、軍奉行《いくさぶぎょう》として戦線を監視する役目もあった。そのため武断派諸将は、文治派の奉行が秀吉に戦況を正確に伝えないため、戦功が評価されていないとし、とくに加藤清正は、秀吉側近の石田三成を許せない存在としていた。

秀吉の死によって朝鮮出兵は中止され、朝鮮半島に遠征していた武断派諸将は、退却戦に苦戦しながら続々と帰国してきた。

海外出兵中のため秀吉の死は秘されていたが、諸将が帰国した段階で、幼いながらも秀頼を喪主とする、秀吉の葬儀が行なわれるはずだろう。だが秀吉の葬儀が行なわれた形跡がないのだ。

江戸時代に書かれたものには、慶長四年（一五九九）二月十八日に、京都の大仏殿で葬儀が執り行なわれ、秀吉正室の北政所《きたのまんどころ》、後継者の秀頼と生母の淀殿、五大老をはじめとする諸大名が数百の供を従えて参列したとしているものもある。だがこれらは、秀吉ほどの人の葬儀が行なわれないはずがないという空想から生まれたものかもしれない。当時の公家や僧侶の日記は第一級史料とされるものだが、肝心のそれらに〝秀吉の葬儀〟を記したものがないのである。さらに、葬儀があったとする時期は、前田利家は病の床にあり、毛利輝元も上杉景勝も領国に帰っており、江戸時代の書物は信用できず、葬儀が行なわれなかったと判断せずにはいられないのだ。

ではなぜ、秀吉の葬儀が執り行われなかったのだろうか？

葬儀には実行委員会を組織せねばならないが、禄高や地位からすれば、家康が秀頼を奉じて葬儀を主催するのが妥当と思われる。だが、そうなると家康に秀頼後見の地位が確固となるため、石田三成らが反対するに違いないだろう。また家康にとっても、秀頼を後見すれば天下取りの支障になり、家康が手を挙げることはなかっただろう。

さらに武断派諸将は、石田三成らへの怒りで煮えたぎっており、両派が一堂に会する葬儀を行なえば、大騒動になるのは避けられないと、判断したのではないだろうか。

計画的に豊臣家臣団を切り崩していった家康

徳川家康は、これまで信長や秀吉に対して誠意をもって応え「律儀者《りちぎもの》」とされていた。それは表面を装ったものではなく、忍耐を学んだ家康の、心からのものであったと思われる。だが家康は、天下人になる大チャンスが巡ってきたことを感じた時から「天下は実力のある者の持ち回り」という論理で、豊臣政権の簒奪にあらゆる知恵を絞っていった。

家康は、豊臣家内部の抗争を傍観していた。両派が激突すれば、漁夫の利を得られると考えたのだろう。

家康は自陣営の勢力を拡大するために、秀吉の遺言を無視して豊臣政権を強引に分裂させる手を次々と打っていった。六男忠輝《ただてる》の妻に伊達政宗《だてまさむね》の娘を貰い受け、異父弟の松平康元《まつだいらやすもと》の娘を養女として福島正則の養嗣子正之《まさゆき》に嫁がせ、外曽孫小笠原秀政《おがさわらひでまさ》の娘を養女として蜂須賀家政《はちすかいえまさ》の嫡子至鎮《よししげ》に、蒲生秀行《がもうひでゆき》の娘を秀忠の養女として加藤清正の子忠広《ただひろ》に嫁がせる密約を交わした。

前田利家を筆頭とする四大老と五奉行は、家康の婚姻政策を秀吉の遺言を無視するものだと怒り「事情が明白にならない場合は、大老から除名する」として中老の生駒《いこま》親正《ちかまさ》と豊光寺の老僧承兌《しょうたい》に詰問させた。

家康は「わしの大老職を剝ぐことこそ太閤《たいこう》殿下の遺命に背く」と居直ったが、四大老と五奉行が団結したことで時期尚早を悟り、誓詞を差し出した。

また大老や奉行と協議し、島津義弘《しまづよしひろ》の朝鮮での戦功に対して五万石を加増し、家康と奉行たちの関係を修復した細川忠興《ほそかわただおき》や堀尾吉晴《ほりおよしはる》にも加増するとした。

この時も大老や奉行が秀吉の遺言を持ち出して反対したが、家康は「秀頼さまの成人まで功ある者を賞さぬならば、罪ある者も罰せぬということか」と、ここでも居直って権力を行使したのである。紛糾したが家康が押し切ったことで、加増を受けた者は、家康のお陰と感謝するのは当然である。

慶長四年（一五九九）閏《うるう》三月に、前田利家が病死すると、利家によって保たれていた豊臣家臣団の均衡が破れた。

三成は加藤清正、福島正則、浅野幸長《あさのよしなが》、池田輝政《いけだてるまさ》、加藤嘉明《かとうよしあき》、細川忠興、黒田長政《くろだながまさ》の七将から攻撃されることを予感し、利家の看護を理由にして前田屋敷に逃れていた。だが利家の死で、七将は三成襲撃の行動を起こしたため、三成は家臣の島清興《しまきよおき》（左《さ》近《こん》）や佐竹義宣《さたけよしのぶ》に守られて宇喜多秀家の屋敷に逃れ、さらに七将が宇喜多邸に迫ると伏見に逃れ、佐竹は家康に三成の庇護を求めた。

家康は反家康派をまとめて倒すために、その旗頭になるはずの三成を生かしておかねばならない。ここで家康は厚顔にも、七将に秀吉が法度とした「私闘禁止」を持ち出して怒りを見せて宥《なだ》め、追い詰められた三成を保護した。だが家康は、三成を奉行から解任して〝公儀〟の資格を剝奪し、居城の佐和山で謹慎させた。そして加藤清正の継室に、家康の養女を娶《めあわ》せるなどで、武断派七将を取り込んでいった。

さらに家康は三成の周辺から出た家康の暗殺計画を利用して、土方雄久《ひじかたかつひさ》や大野治長《おおのはるなが》を関東に流し、五奉行の一人浅野長政を謹慎させ、所領の金沢に帰っていた前田利長《としなが》を屈服させ、豊臣家の力を削っていった。

家康は上杉征伐で三成の挙兵を誘った

大老たちの各個撃破を狙う、家康の次のターゲットは上杉景勝である。上杉景勝は秀吉から父祖の地である越後からの移封を命じられ、蒲生氏郷《うじさと》の旧領会津一二〇万石を与えられた。これには伊達政宗や最上義光《もがみよしあき》を牽制させるという含みもあった。

だが景勝は一度も新領土の会津に行っておらず、家康の勧めによって新領土に赴くことができた。景勝は新領土の道を整備し、城砦を修築した。そして中央の政局が不穏なこともあって、思い入れのある越後の回復を企て、越後での一揆を煽動していた。

この時点で、豊臣政権は家康一人が動かしている。

慶長五年（一六〇〇）四月に、家康は謀反の噂がある景勝に、上洛して釈明するように求めた。だが景勝の宰相的立場の直江兼続《なおえかねつぐ》は「景勝の謀反を言いふらす者たちを糾明すべき」と拒否し、常陸《ひたち》の佐竹義宣と密かに連携し、家康を迎え撃つ態勢を整えようとしたとされる。

家康は上杉景勝を豊臣政権の離反者とし、豊臣政権の大老として「豊臣政権に服さない逆賊を討つ」という大義名分を掲げて諸大名を招集した。

秀頼が軍資金として黄金二万枚と米二万石を家康に与えたことで、家康が〝公儀〟の代理者となり、豊臣恩顧の大名たちも従軍する義務が生じた。

家康は六月六日に伏見を発ったが、自分が上方を離れれば三成が挙兵すると見ていた。そこで反三成派の七将など、できるだけ多くの大名を引き連れ、三成陣営に走らせないようにした。ここで三成が挙兵せぬなら、屈服している証明であり、それは心配するに足りないのだ。

家康が率いた豊臣恩顧の五万六〇〇〇の軍勢が下野《しもつけ》国小山《おやま》に達すると、伏見城を守らせた鳥居元忠《とりいもとただ》からの急使で、家康の想定どおりに三成が挙兵したことを知った。だが三成が毛利輝元を総帥に担ぎ、一〇万の兵力を集結させたことは想定外だった。家康は三成周辺の少数の大名が反家康として挙兵すると計算していたのだ。

家康は家臣たちを集めて評議を開いた。本多正信《ほんだまさのぶ》は三成が集めた大軍に驚き、箱根を封鎖して籠城する消極的な策を提案した。だが家康は、上方に取って返して三成方と対する腹であった。

翌日に家康は、諸大名たちを集めて上方の状況を説明し、そのうえで「各々の妻子は大坂で人質に取られている。妻子の安全を図るために、ここから引き返すのは自由でござる」と誠意を見せ、「豊臣政権の大老として、逆臣の三成を討つ」と強調した。

前日に黒田長政から説得された福島正則が「われは家康殿とともに戦おう」と言ったことで空気が一変した。一番の豊臣恩顧大名である正則が家康に与すると言ったため、諸将もこれに賛同したのである。

得意の野戦に持ち込む工作をした家康

反家康の挙兵をした石田三成は、毛利輝元を引き込んで大坂城に入れ、畿内周辺の徳川方諸城を攻め、美濃《みの》の大垣城を前線司令部にした。西軍が近畿圏を制圧し、京都の朝廷も大坂の豊臣秀頼も西軍の勢力圏にある。ここで東軍の行動が停滞すれば、ますます西軍が有利な展開になるのは明らかだった。

家康は味方になると言った大名たちを上方に向けて発進させたが、自らは江戸に留まって四〇日間も動こうとしなかった。会津の上杉景勝や常陸の佐竹義宣への、防御態勢をつくるなどで時間を費やしているが、自分に加担すると言った大名たちが、本当に徳川のために戦うのかを見極めようとしたのだ。

家康はこの間に、味方だけでなく三成方になっている諸将に対しても、手紙攻勢を仕掛けている。この手紙で恩賞を約束するのは当然だが、感謝やねぎらいの言葉で情に訴え、三成方になった武将には、その立場に理解を示しながら、自分の行動を説明する気遣いに溢れていた。

一方の三成も、諸大名に恩賞を約束する手紙を出している。だが三成の手紙は、主君の秀吉が人情家で、人たらしとされたところは見習わず、血の通わぬ文面であった。しかし奉行たちの名で出された「内府違いの条々」で訴えたことは正論であり、この正義に同調する大名たちも多かった。

東軍先鋒隊の福島、黒田、細川ら豊臣恩顧の大名たちは、八月二十三日に岐阜《ぎふ》城を落城させると、彼らだけで三成方と対決する姿勢を見せた。だが家康の天下取りに積極的に加担する藤堂高虎《とうどうたかとら》が、家康の到着まで大垣城攻撃を引き止め、家康へ早急な出馬を要請した。先鋒隊だけで三成方と対決しておれば、その後の家康の天下取りは状況が変わっただろうと思われる。

諸大名の忠誠心を確認した家康は江戸を発ち、九月十四日に先鋒隊と合流した。手紙攻勢で三成に与する者から内応や中立の約束を取り付け、確かな勝利の手応えを感じていた。一方の三成は不安を持ちながらも家康に勝てる布陣だと確信したと思える。

野戦を得意とする家康は、三方ヶ原での武田軍の戦略を用いた。西軍が集結した大垣城を無視して、大坂に向かうという噂を流させると、三成は大垣城を捨て、雨の中を東軍の先回りをするように、西軍を関ヶ原に布陣させたのである。

家康は、九月十五日の未明にこの報せを聞き「してやったるかな」と雀躍《こおど》りしたという。この時点で、家康は勝利を確信していた。

第一章

一日で決した「関ヶ原合戦」敗者の運命

石田三成の笹尾山陣跡

大吉
大万

西軍
石田三成《いしだみつなり》
近江佐和山一九万七〇〇〇石⇩滅亡
正義で大軍を結集したが信望がなく破滅

戦下手の烙印を押された三成

秀吉《ひでよし》の家臣団の中で石田三成、増田長盛《ましたながもり》、長束正家《なつかまさいえ》らの文治派は、豊臣《とよとみ》政権の行政を担い、戦場で兵站《へいたん》を受け持ったため、軍事に疎い人物と思われがちだ。だが豊臣政権は軍事政権のため、官僚である前に猛将とは言えないまでも武将であった。

三成にしても、秀吉が柴田勝家《しばたかついえ》と戦った賤ヶ岳《しずがたけ》の戦いで、先懸衆一四人の中に名があり、戦闘員としての姿もある。だが三成は格闘の末に敵の首を取るというタイプでなく、秀吉に倣ってそれに相応《ふさわ》しい者を召し抱えれば事足りるとしていた。

三成が二万石ほどの身上になった時、筒井順慶《つついじゅんけい》に仕え知勇で世に知られた島清興《しまきよおき》(左近《さこん》)を一万石で抱え、その後も蒲生郷舎《がもうさといえ》や舞兵庫《まいひょうご》(前野忠康《まえのただやす》)を家臣にして、世間が三成の弱点とする部分を埋めている。

秀吉は三成に戦功を立てさせるため、小田原征伐で上野館林城《こうずけたてばやしじょう》と武州忍城《ぶしゅうおしじょう》を攻略させた。館林城攻撃では城を囲む沼の埋め立てに失敗したが、城側が降伏勧告を受け入れ開城させることができた。だが忍城は、城主の成田長氏《なりたながうじ》が小田原に籠城していたが、城代らは難攻不落の堅城として知られた城に籠もり、戦意も旺盛であった。

忍城は荒川《あらかわ》と利根川《とねがわ》に挟まれた低地にあり、水攻めに適した城に見えた。秀吉はこれまでも備中高松城や紀州太田城で水攻めを成功させており、三成に水攻めの方法を細かく指示し、絵図を提出させて、築堤が進めば自分の承認を得るように指令した。

だが三成の築いた土手は決壊し、濁流によって味方に二七〇人もの水死者を出してしまった。その上に城の周囲は一面の泥海と化して攻撃が困難になり、三成はついに忍城を落城させることができず、戦下手の烙印を押されたのである。

三成は本当に知恵者だったのか

三成は秀吉の考えの先を読み、秀吉が一を言えば十を理解したのだろう。秀吉は三成の才知を高く評価したが、三成は愛憎によって秀吉への報告を手加減する依怙《えこ》心があり、千利休《せんのりきゅう》や豊臣秀次《ひでつぐ》など、豊臣政権の中での対抗者を、巧みに失脚させていく暗い才能もあった。

三成は朝鮮出兵が豊臣政権の禍になると反対であったが、独裁君主の秀吉を諫止《かんし》できなかった。秀吉は朝鮮出兵で軍奉行《いくさぶぎょう》とした三成らの報告を盲信した。加藤清正《かとうきよまさ》ら武将の苦心は功として認められず、清正らは三成への憎しみを増加させたため、朝鮮出兵は豊臣政権の命取りとなるとともに、三成個人にも多くの敵をつくる結果になった。

三成は、同じ釜の飯を食った加藤清正らから憎まれ、上杉景勝《うえすぎかげかつ》や佐竹義宣《さたけよしのぶ》、相馬義胤《そうまよしたね》ら外様大名と親密だった。外様大名たちは秀吉への取次役である三成に取り入らねばならず、それを三成は好意に感じ、親しみが深くなったのだろう。三成が真に豊臣家のことを思うなら、己の感情を押し殺してでも、豊臣家に忠誠を誓う秀吉子飼いの大名たちと、親しくしておかねばならなかったのだ。

慶長三年（一五九八）八月十八日に秀吉が死去した。このことは五奉行だけが知っていた。三成は徳川家康《とくがわいえやす》と親しい浅野長政《あさのながまさ》に、淀川の鯉と宇治の茶を渡し「殿下の死は御遺言によってしばらく秘密にせねばなりません。貴殿は江戸右府《うふ》に、これを殿下からと贈っていただきたい」と頼んで、秀吉の死の隠蔽工作を頼んだ。長政は「そのような偽りは、後で難儀なことになる」と反対したが、三成に説得された。

下賜品があると御礼を言上するのが当時の礼である。秀吉の病状が小康したと思った家康は、子の秀忠《ひでただ》をともなって伏見城に向かった。ところが途中で三成の家臣が待ち受け「じつは殿下は昨夜他界されました。右府様は風邪として登城を延引してくださるようとの三成からのお願いでございます」と伝えたのである。

三成は家康と長政の仲を引き裂こうとしたのだが、こうした浅知恵はすぐに判明し長政を敵に回すことになった。こんな三成にも清い部分もあり、家臣に「主人からもらった俸禄は、遺さず主人のために使うべきだ」と言い、私生活を質素にして倹約し、佐和山《さわやま》城内は粗壁のままで家具調度もなく、金銀の貯えもなかったという。

信望のない三成の戦略構想は破綻した

三成は家康が豊臣政権の最大の脅威になることを見極めていた。秀吉の死によって豊臣政権内部が揺らぐと、三成は家康に対抗する勢力として、人望の厚い前田利家《まえだとしいえ》を押し立てたが、秀吉の死から八ヶ月ほどで利家も死去してしまった。

三成自身も加藤清正らの武将から恨まれていると知っており、利家の看病を名目に前田屋敷に逃げ込んでいた。だが利家の死により、加藤清正ら七将が三成を襲撃する計画が表面化した。佐竹義宣の奔走で、三成は家康の庇護を受けて難を逃れることができたが、豊臣政権の奉行という公的な立場を失った。

三成は居城の佐和山で退隠したが、この間は家康打倒の策を練ることができた。家康が上杉景勝討伐の兵を率いて東上すると、三成は諸将に手紙を出して味方を募った。ここでは小早川秀秋《こばやかわひであき》に、秀吉の遺子秀頼《ひでより》が成人するまでの関白職を、信濃国上田の小大名でしかない真田昌幸《さなだまさゆき》には信濃や甲斐国の分与など莫大な恩賞を約束していた。

家康も多くの諸将に手紙攻勢を仕掛けている。だが二五〇万石の家康が出した約束手形と、二〇万石程度の三成が出したものでは、資本力の違いからも家康に信用度があるのは当然で、三成の提示は空手形になるとみられ信用がなかった。

だが三成は、三奉行の名で「内府違いの条々」を出させた。ここでは理路整然と家康の非道を訴えているため、三成側に〝正義〟という大義名分があった。

三成は家康打倒策に、清洲《きよす》城と岐阜《ぎふ》城を中心にした防衛ラインを構想した。清洲城は福島正則《ふくしままさのり》の居城で、三成は正則から嫌われていることは承知しているが、豊臣家への忠誠心が強い正則が「内府違いの条々」を読めば、正当性は三成にあると理解し、ここはまず家康を倒すために、自分に味方してくれるものと考えていたようだ。

正則は上杉征伐に向かうにあたり、清洲城の守備を舅の津田繁元《つだしげもと》と重臣の大崎長行《おおさきながゆき》に任せていた。三成は両人に使者を送り、津田を味方に引き入れたが、大崎が反対したため清洲城を接収できなかった。三成は「馬鹿の家臣も馬鹿なのか」と嘆いただろうが、やがて打倒三成に燃えた正則が、家康方の先鋒として戻ってきた。

三成は岐阜城の織田秀信《おだひでのぶ》を味方に引き入れたが、畿内の東軍を討つために兵を分散させたため、岐阜城を支援する兵が不足していた。家康方先鋒の進出は急で、岐阜城は一日の攻撃で陥落してしまった。三成は構想を再構築し、敵を大垣城に引き付けた間に、毛利輝元《もうりてるもと》が秀頼を奉じて出馬すれば、家康方の豊臣恩顧の大名たちは戦意を失い崩壊するとした。九月八日に大垣城主伊藤盛正《いとうもりまさ》を、毛利輝元らを迎える松尾山を確保するために向かわせた。三成は大垣城に入ったが、東軍先鋒は家康を待つまでもなく三成方に決戦を仕掛ける姿勢を見せ、大垣に近い東海道の赤坂に進出した。

この時、大垣城に宇喜多秀家《うきたひでいえ》が大軍を率いて到着し夜襲を提案した。三成は兵の消耗を恐れ受け容れなかったが、秀家は何度も夜襲策を言ううちに赤坂は堅固な陣となってしまった。九月十四日に家康が赤坂に着陣すると西軍は動揺した。三成もこのまま消極的に終始すれば士気にかかわるという認識があり、両軍の間を流れる杭瀬川《くいせがわ》に島清興を出動させ、敵陣を攪乱させる小競り合いに勝利した。

ここで島津義弘《しまづよしひろ》が、疲労しているはずの家康の陣への夜襲を提案したが、杭瀬川の戦いを見ていた家康が「一挙に三成の居城である佐和山を抜いて大坂に向かう」と言ったという情報が入り、諸将たちもなおさらに夜襲のチャンスと賛同した。歴戦の諸将は肌で戦機を知っているのだが、論理で考える三成は夜襲が必ずしも成功するものではないと、勝機を逃してしまった。さすがに小西行長《こにしゆきなが》も「子どもの遊びではござらん、いちいち危ぶんでいては取り返しのつかぬことになり申そう」と言ったという。

東軍が大坂に向かうという情報で、三成は急いで軍を関ヶ原に向けて移動させたが、雨の降る中を夜陰に乗じての行動のため、音も立てず灯火もなく、将兵はずぶ濡れになって疲労しながら、南宮山《なんぐうさん》の吉川広家《きっかわひろいえ》らの軍勢の眼前を通過していった。直後に家康は堂々と松明を灯し、東軍諸将を中山道を西進させて関ヶ原に向かった。

西軍を統率できなかった三成の戦い

東軍は歴戦の将として知られる家康が指揮すると、加担する大名たちも家康の命令に素直にしたがった。だが三成には、すでに秀吉の庇護もなく、豊臣政権の奉行でもないため統率力が弱い。三成方は小西行長、大谷吉継《おおたによしつぐ》ら首謀者グループで集団指導体制を採らざるを得ず、保有戦力の弱い彼らは、諸将に厳しく命令できなかっただろう。

関ヶ原は偶然に戦場になったものではなく、三成は関ヶ原が戦場になる可能性も考慮していたようだ。古くから山城であった松尾山を整備しており、北天満山などに土塁を築いていたのである。西軍は笹尾《ささお》山に三成が、北天満山に小西行長、南天満山に宇喜多秀家、松尾山に小早川秀秋と高地を占め、東軍を包囲するように展開した。

明治十八年（一八八五）に、日本陸軍の教官としてドイツから招かれたメッケル少佐は、関ヶ原の両軍の布陣図を見て「西軍の勝ち」と即断したように、関ヶ原に集結した全西軍が戦闘に加われば勝利できただろう。だが家康本陣の背後に陣する吉川広家が家康に内応しており、毛利秀元《ひでもと》や長宗我部盛親《ちょうそかべもりちか》などは動けなくされていた。

九月十五日午前八時に戦いの火蓋が切られると、東軍は一丸となった。西軍は総兵力では東軍よりも多いが、石田、宇喜多、小西と大谷の各隊しか戦っていない。それでも西軍は善戦し、昼頃になっても戦況は一進一退していた。

石田隊は島清興が陣頭で指揮し、黒田隊を押し気味に戦っていたが、黒田隊は鉄砲で島を狙撃した。三成が裏切るとした田中吉政《たなかよしまさ》隊は石田隊の正面で戦っていた。

三成の陣近くの島津義弘隊は、三成の将器に絶望して動こうとしない。三成自身が島津の陣を訪ねて督戦したが「めいめいで戦えばよい」として戦おうとはしなかった。

ここで松尾山に布陣する小早川秀秋隊の一万五〇〇〇の兵が投入されたほうが勝利するのは誰の目からも明らかだ。開戦前から秀秋には寝返りの噂があり、三成や小西行長、大谷吉継らは、急使を松尾山に走らせて戦闘への参加を促していた。

同じことは家康も思っていた。家康は秀秋へ内応工作をした黒田長政《くろだながまさ》に使者を送り「秀秋の寝返りの件は相違ないか」と詰問したが、この期におよんで長政に何ともしようがない。家康は小早川の陣する松尾山に向けて、内応催促の鉄砲を打ちかけさせ、小早川隊が松尾山を下りた時に勝敗は決した。

三成に勝機はなかったのか

三成は伊吹山中に逃走したが、十月一日に捕縛され、京に送られて処刑された。

毛利輝元が秀頼を擁して松尾山に旗を立てれば、間違いなく勝利できただろう。三成もその構想であったが、家康の誘いに乗り、家康の得意の野戦に持ち込まれてしまった。いろいろと策を弄した三成に、決戦を引き延ばす策がなかったのか。ここで持ちこたえておれば、大津城を攻めていた一万五〇〇〇の軍勢や丹後の田辺城を攻めていた一万五〇〇〇の軍勢が加わり、大坂には毛利の四万四〇〇〇の軍勢も控えていたのだ。

アメリカのニクソン政権で国務長官を勤めたキッシンジャーは、指導者に必要な資質を「勇気」と「徳性」だとしている。勇気は「先人が歩んだことのない道を行くこと」であり、徳性は「難局に屈しない強さを与えるもの」で、それは自分以外の者に、どれだけ役に立てるかであるという。

三成には身を捨てて強力な家康に立ち向かう「勇気」はあった。豊臣家へ対する「徳性」もあった。だが三成には、味方諸将への配慮が欠けたため人望がなかった。

兇

西軍

宇《う》喜《き》多《た》秀《ひで》家《いえ》

備前岡山五七万四〇〇〇石⇩滅亡

秀吉の恩顧で迷わず武人の筋を通す

宇喜多家の御家騒動に介入する家康

織田信長《おだのぶなが》の中国攻略で、備前国岡山の宇喜多直家《なおいえ》は秀吉の傘下に入った。直家が病死すると信長が宇喜多家を安堵したことで、直家嫡男の秀家が八歳で当主となった。直家の正室ふくは絶世の美女として評判が高く、秀吉は直家の死後にふくを愛人にしていた関係もあって、秀家に深い愛情をかけて猶子《ゆうし》とし、秀吉が養女として溺愛する前田利家の娘豪姫《ごうひめ》と秀家を結婚させ、聚楽第《じゅらくてい》の中に住まわせた。

秀家は朝鮮出兵では猛将とされるほどに成長し、豊臣政権を支え、二十代半ばで豊臣政権の五大老に任じられた。だが秀家が畿内から離れられないため、領国経営は叔父の宇喜多忠家《ただいえ》や長船綱直《おさふねつななお》らに任せたが、秀吉が他界すると御家騒動に見舞われた。長船はキリシタンで、秀家の正室豪姫もキリシタンだったことで、豪姫が前田家からともなってきた中村次郎兵衛《なかむらじろべえ》を重用していた。長船と中村は朝鮮出兵で逼迫した経済状況を解決するために増税を図ったが、キリシタンに批判的な日蓮宗徒の戸川逵安《とがわみちやす》ら老臣たちが反発した。戸川らは中村の処分を迫ったが、秀家はこれを拒否して中村を前田家に退去させると、重臣たちは兵を率いて大坂玉造《たまつくり》の屋敷に立て籠もった。

この騒ぎに、大谷吉継が徳川家康の重臣榊原康政《さかきばらやすまさ》を誘って調停に乗り出した。だが家康は、豊臣政権で重きをなす宇喜多家が分裂することは喜ばしく、それを家臣の康政が解決するのは不快であった。家康は「康政は解決した際の礼金欲しさに奔走している」と言って、康政をわざと怒らせて調停から手を引かせた。

大谷吉継一人での解決は難しく、吉継は実力者である家康の裁断に任せた。主君への反逆は重罪だが、家康は宇喜多家重臣らを蟄居処分にとどめて恩を売り、彼らに扶持米を送って手なづけていた。宇喜多騒動は家康の調停で収まったが、宇喜多家は旗頭六人のうち四人や与力衆四〇人が出奔したので、戦力を著しく低下させてしまった。

秀家の舅の前田利家が死去し、石田三成に反する七将が三成襲撃を企《たくら》むと、佐竹義宣とともに三成を救出した。宇喜多家の家政は明石全登《あかしたけのり》が取り仕切って財政を立て直したが、御家騒動で崩れた家臣団の統制を図るため、慶長五年（一六〇〇）正月には、岡山に帰国せざるを得なかった。

苦境に立つと救いの手が差し伸べられる秀家の魅力

同年六月、家康が上杉征伐で出兵すると、秀家もそれに参加するため兵を率いて大坂に着いた。ここで石田三成から挙兵を打ち明けられると、豊臣家を無視して専断する家康に敵愾心《てきがいしん》を抱く秀家は、迷うことなく打倒家康に身を投じた。

三成は毛利輝元を総帥に担ぎ、秀家を副将として、諸大名に家康を断罪する檄文を発し、秀家は西軍の主力となって家康の家臣鳥居元忠《とりいもとただ》が籠城する伏見城を陥落させた。

秀家は関ヶ原合戦では一万七〇〇〇の兵を率い、福島正則隊と激戦を繰り広げた。しかし小早川秀秋の裏切りで西軍は総崩れとなり、宇喜多隊は壊滅した。秀家は同じ豊臣一門の秀秋の裏切りに激怒した。関西弁で「あのガキャ~叩っ斬ったる！」と叫んだかはわからないが、明石全登に大坂での再挙を勧められて伊吹山に逃れた。

秀家は雨の降る伊吹山で甲冑を投げ捨て、数人の家臣とともに炭焼き小屋に潜んだ。翌日に山中を彷徨《さまよ》って岩陰に身を寄せると、落ち武者狩りに発見されてしまった。

頭目の矢野重昌《やのしげまさ》は三五〇石の地を持つ土豪で、秀家の哀れな姿に同情し「どなたでしょうか。道案内をしましょう」と問いかけた。秀家は「このような身となり名乗りがたい。許してくれ」と応じたが、秀家の家臣が「備中中納言秀家公である」と素性を明かすと、矢野は家来に秀家を背負わせ、自宅の床下に土室を作って匿《かくま》った。

秀家家臣の進藤三左衛門《しんどうさんざえもん》は、大坂の宇喜多屋敷に潜入して豪姫に面談し、黄金二五枚を貰い受けて帰ってくると、秀家は矢野に二〇枚の黄金を与えた。豪姫の命で家臣が秀家の潜伏先を訪れ、秀家を落ち延びさせるために工作した。

進藤は秀家が大切にしている〝鳥飼国次《とりかいくにつぐ》〟の脇差を受けて大坂に向かい、本多正純《まさずみ》に「秀家を手にかけ、遺骸を地中深く埋葬した。証拠はこれだ」と自首した。この脇差は秀家の所有と誰もが知る名刀で、家康も進藤の話を信じ探索の手を弛《ゆる》めた。秀家は大坂の宇喜多屋敷に入って豪姫と再会し、母のふくの堺屋敷に落ち着いた。

豪姫は実家の前田家と連絡を取り、秀家に薩摩の島津家を頼らせた。島津家は秀家を保護し、大隅国牛根《うしね》郷（現・垂水《たるみず》市）の平野家に潜ませたが、秀家の生存を知った宇喜多の家臣が薩摩に集まると、家康も秀家が逃れて薩摩に匿われていると知った。

壮絶な退却戦を展開させて薩摩に逃げ帰った島津義弘は、島津家当主を子の忠恒《ただつね》に譲り、家康と粘り強く和平交渉を続けていた。慶長七年（一六〇二）になって島津家の本領が安堵されると、忠恒は伏見の家康に伺候し、秀家を匿う事実を伝えて助命を嘆願し、前田利長《としなが》も秀家の赦免を願い出たため、家康は立腹するが助命を約束した。

秀家は家康と対面した後に久能山《くのうさん》に幽閉され、西軍に加担した大名たちの処分が終わった慶長十一年（一六〇六）四月に、息子や乳母など一三人で八丈島に流された。

秀家の生活は苦しく、代官の谷庄兵衛《たにしょうべえ》が秀家を招くと、秀家は出された料理を布に包んで家族のために持ち帰ろうとしたという。また、宇喜多騒動で秀家に反発した花房某は、秀家が「米の飯を腹いっぱい食べて死にたい」と言ったことを伝え聞き、幕府に願い出て白米二〇俵を送ったという。

福島正則の船が酒を積んで八丈島に漂着すると、正則の家来は男から酒を分けてくれと懇請され、家来は男を秀家と知らず一樽の酒と干魚を贈った。だが正則に無断で咎めを覚悟したが、正則にはこの男が秀家とわかり家臣の計らいを喜んだという。

寛永十一年（一六三四）に豪姫が没すると、幕府は彼女の遺言を受け入れた。以後は加賀の前田家から、隔年で白米七〇俵、金子三五両、衣類、薬品などが送られた。

秀家は豊臣家が滅亡した後も生き続け、明暦元年（一六五五）十一月に、八四歳で死去した。前田家からの支援は、宇喜多一族が赦免される明治元年（一八六八）まで続き、明治三年（一八七〇）に東京の土を踏んだ宇喜多一族は七家に増えていた。

秀家は自らの保身を考えず、秀吉の恩顧に応えて武人の筋を通した。彼が苦境に立つと、人は見捨てておけずに、救いの手を差し伸べるという不思議な魅力を備えていたようだ。野心も打算もなく生きる秀家の爽やかさが、人から愛されたのだろう。

西軍

大谷吉継《おおたによしつぐ》

越前敦賀五万石⇩滅亡

三成への捨てがたき友情に殉じた智将

三成を見捨てられなかった吉継

大谷吉継の出自は明らかではないが、秀吉が長浜《ながはま》城主になった頃に仕えたと思われ、秀吉が姫路《ひめじ》城を本拠地にした時には、秀吉の馬廻衆の一人になっていた。吉継は紀州征伐で杉本荒法師《すぎもとあらほうし》を槍で討ち取った武功もあり、九州征伐では兵站《へいたん》奉行石田三成の下で働き、三成が堺奉行になると三成の配下で実務を担当している。

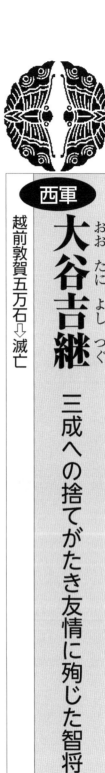

越前国敦賀《つるが》郡などで五万石を与えられ、秀吉の死後は徳川家康に接近し家を安泰させる方針だったようだ。家康と前田利家の仲が険悪になると徳川邸を警護し、前田利長が家康暗殺を裏工作する噂があると、失脚していた石田三成の家臣をともなって越前に出兵し、前田利長を牽制していた。

家康が上杉討伐で会津に向かうと、吉継も参加するため敦賀を出た。吉継が美濃《みの》国垂井《たるい》に達すると、佐和山で蟄居する三成の使者を受けた。三成は吉継に「内府は故太閤《たいこう》の政《まつりごと》に背き、秀頼公のため討伐の兵を挙げる」と協力を求めた。

吉継は三成の計画に驚き「三成殿には人望がない」とまで言い切り、家康に勝てる見込みはないと思いとどまらせようと、垂井を領する平塚為広《ひらつかためひろ》と説得するが、三成の決意は固く「天下は家康のものになるかもしれないが、豊臣家の挽回を図るのは自分の使命である」とし「俺に命をくれ」という三成を吉継は見捨てられなかった。

吉継はハンセン病を患って、顔は爛《ただ》れて盲目になっており、覆面で肉の崩れかけた顔面を隠し、立ち居振る舞いは人手を借りねばならなかった。諸将は吉継を避けたが三成は変わらずに接し、茶会で吉継が口を付けた茶を誰も飲もうとしないが、三成は茶を飲み干したことで、吉継の心を摑み取っていた。

吉継は三成に「貴殿の命を狙った七将も敵に回すため、挙兵するのであれば、毛利輝元殿や宇喜多秀家殿を盟主と仰ぎ、その下で行動すべきだ」と遠慮なく言い、三成との二〇年におよぶ交誼のために死を決意した。

智将吉継に、あまりにも手勢が少なすぎた

三成は佐和山で蟄居する間に、家康打倒の策を練っており、増田長盛と安国寺恵瓊《あんこくじえけい》

を佐和山城に招き、吉継とともに家康討伐の具体策を話し合った。まず増田長盛、長束正家、前田玄以《まえだげんい》の三奉行の名で家康の悪行を訴える「内府違いの条々」の文書と、味方に付けば与える恩賞の約束を、西日本を中心とする諸大名に送った。

総大将に担ぐ毛利輝元へは恵瓊が交渉し、三成の兄石田正澄《まさずみ》は近江の愛知川《えちがわ》に関所を設け、上杉征伐に向かう諸大名を説得した。三成は諸将が京や大坂に置いた妻子を人質とする手を打ち、岐阜城主の織田秀信を味方にした。

関ヶ原合戦で大谷隊は、次男木下頼継《きのしたよりつぐ》と平塚為広を左右に配し、戸田重政《とだしげまさ》とともに進退することを約束した。吉継は関ヶ原合戦前日に、松尾山の小早川秀秋を訪ね「御縁からも御恩からも、秀頼公へ異心あるべからず」としたが、秀秋の態度から裏切るものと見抜いていた。吉継は本隊を柵で囲んで脇坂安治《わきざかやすはる》、小川祐忠《おがわすけただ》、朽木元綱《くつきもとつな》、赤座《あかざ》直保《なおやす》の諸隊と隔て、挙動不審な松尾山の小早川秀秋隊に備えた。

戦いは昼頃になっても一進一退し、家康は戦いを傍観する小早川隊に、鉄砲を撃ちかけて裏切りを促した。これにより小早川隊が眼下の大谷隊に向かって動き出した。吉継はこの時に備えて松尾山の麓に脇坂、小川、朽木、赤座の諸隊を配していたのだが、この四隊が突然に大谷隊に向かってきたのである。

吉継は竹輿《たけごし》に乗り、平塚為広に麾下の精兵六〇〇を預けた。為広は戸田重政隊の右翼に小早川隊が迫ると、手勢を合わせた一〇〇〇の兵で小早川隊を横撃し、家康が秀秋に付けた軍監の奥平貞治《おくだいらさだはる》を討ち取るなどして一時は退けた。だが小早川隊に藤堂《とうどう》高虎《たかとら》と京極高知《きょうごくたかとも》の隊が加わると、大谷隊は次第に押されて敗色が濃くなった。

吉継は輿の脇に控えた家臣の湯浅五助《ゆあさごすけ》に「戦は負けか」と聞き、家臣に対して「何時《い》のために命を惜しむのか。この目が見えぬため、各々名乗って討ち死にせよ。それがしも追い付《つ》くであろう」と壮絶な命令を下した。これに応えて家臣が次々と敵陣に向かうと、湯浅は吉継の首を斬って深田に埋め、敵陣に駈け入って戦死した。

吉継は秀吉から「一〇〇万の軍の軍配を預けてみたい」と言わしめた智将で、合戦では頼り甲斐のある男と見られていたが、自軍と平塚、戸田の勢を合わせて二五〇〇ほどの兵しか持たされていなかったことが惜しまれる。

吉継とその家臣団は小早川の裏切りに動揺することなく、潔く散ることで小早川秀秋の裏切り行動を浮き彫りにし、結果的に秀秋と差し違えたことになった。

とかく情義が薄くなったとされる現代では、友情という言葉も死語になっているかもしれない。大谷吉継のように命まで投げ出すような友情は無理にしても、互いにそれほどまでに思い合い、協力しあえる友人がいれば、世間の荒波を力強く乗り越えることができるだろう。

「内府違いの条々」一三ヵ条の内容（要約）

一、奉行と大老が誓紙連判を交わしていくらも経たぬのに、家康は浅野長政と石田三成を追い詰めた
一、家康は前田利家の死後、利長から人質を取り追い詰めた
一、上杉景勝には何の咎がないのに、家康は誓紙を違え、太閤様の御遺命に背いて会津へ出兵した
一、知行を受けたり、取次をしてはならないと誓ったが、家康は何の忠節もない者に知行を与えた
一、家康は、太閤様が置いた伏見城留守居役を追い出し、占領した
一、奉行と大老以外と誓紙の交換は禁止だが、家康は多数と交わした
一、家康は、北政所様を、大坂城西ノ丸から追い出し、居住している
一、家康は、大坂城西ノ丸に御本丸のように天守を築いた
一、家康は、ひいきにしている諸将の妻子を、国許に帰している
一、家康は、前に勝手な縁組みで御法度に背き、なお多くの縁組みをする
一、家康は、若い侍を煽動して、徒党を組ませている
一、家康は、奉行と大老全員で連判すべき文書に、一人で署判している
一、家康は、縁者に便宜を図り、石清水八幡宮の検地を免除した

――家康の今回の会津出兵は数々の制約に違反し、太閤様の御遺命に背き、秀頼様を見捨てて出陣したので、われわれは相談し武力で制裁を加えることにした。この旨をもっともと思い、太閤様の御恩を忘れぬなら秀頼様へ御忠節あるべきであろう

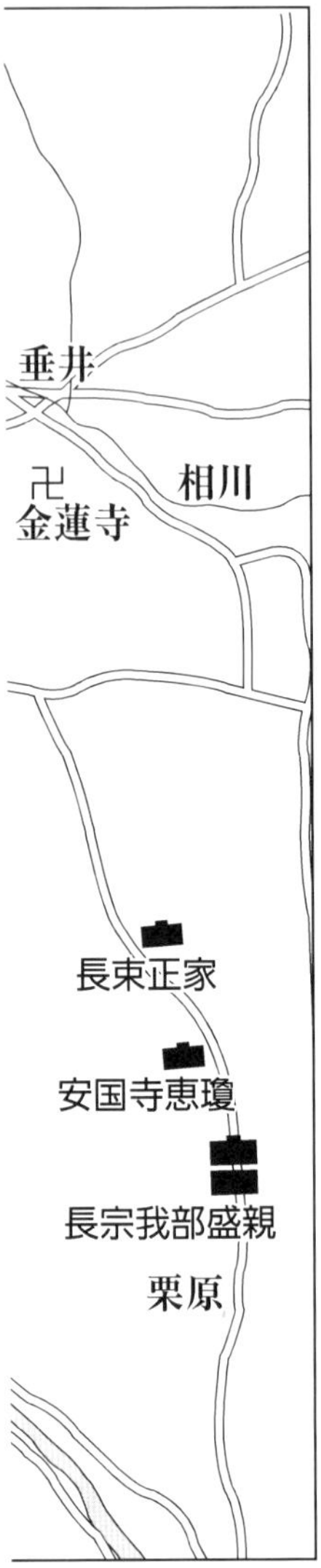

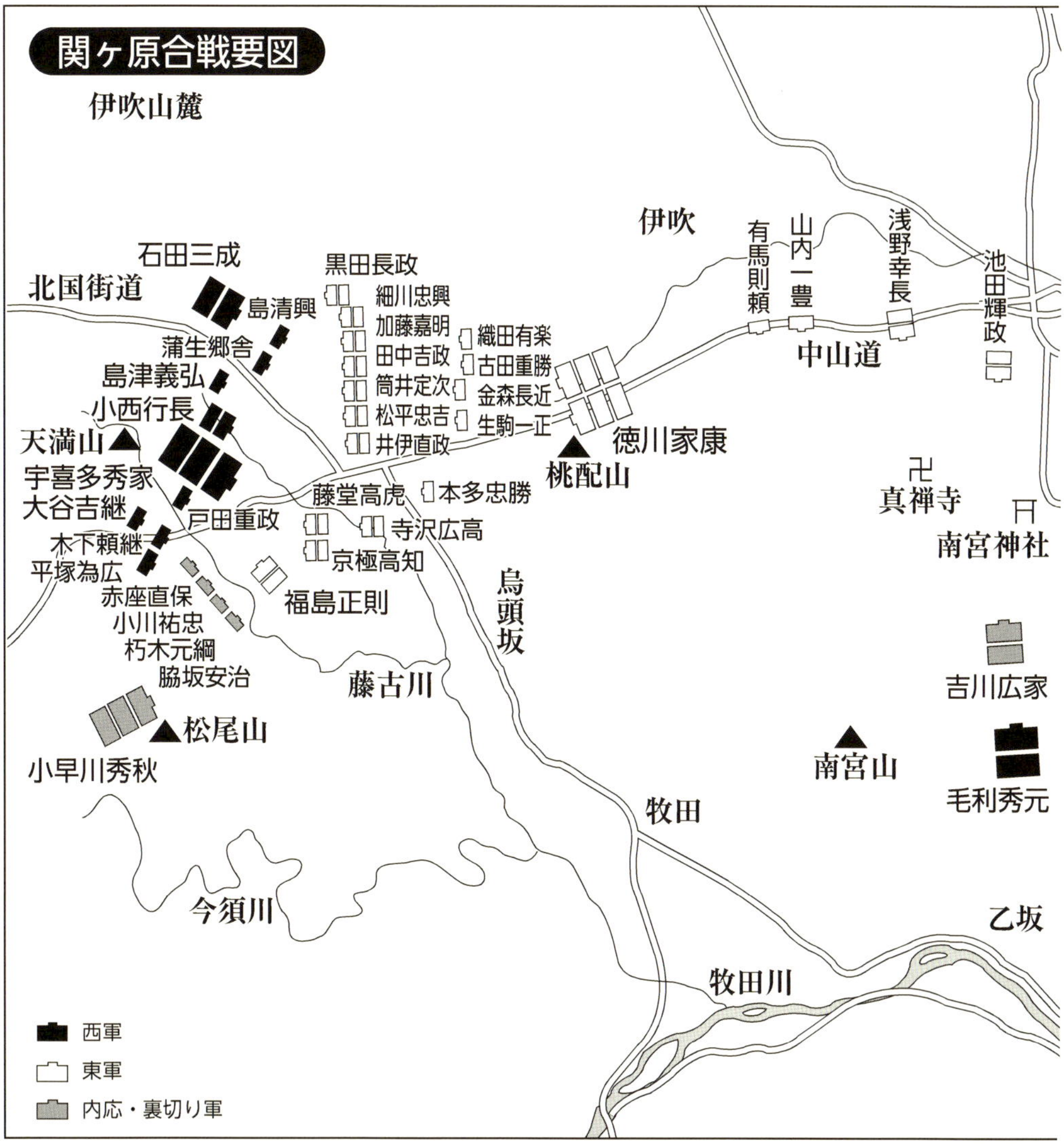

関ヶ原合戦図屏風（関ヶ原町歴史民俗資料館・蔵）

西軍

小西行長《こにしゆきなが》

肥後宇土二四万石⇩滅亡

商人感覚で秀吉を裏切るキリシタン武将

朝鮮出兵で秀吉を裏切る行長の行動

小西行長は堺で薬種をあつかう豪商小西隆佐《りゅうさ》の次男である。行長は南蛮《なんばん》からの輸入品が入る博多や長崎と堺を行き来し、航海術を熟知していた。また当時の海商は武装して海賊から身を守り、時には海賊にもなったのである。

行長は備前の宇喜多直家に計数の才を認められて家臣になっていたが、直家が毛利との同盟を破棄して織田方に与すると、織田の前線司令官である羽柴秀吉《はしばひでよし》に海外的視野や経済の才知を認められて船奉行として仕え、破格の出世をしていった。

紀州征伐に水軍を率いての功で、天正十三年（一五八五）に小豆島《しょうどしま》で一万石を与えられ、九州征伐や肥後の国人一揆鎮圧の功で、肥後の宇土《うと》に一二万石を与えられた。その後に益城《ましき》と八代《やつしろ》の二郡も加えられ、肥後の南半国二四万石を領するようになった。

肥後の北半国は加藤清正に与えられ、秀吉は全国統一が見えた頃から、所領と流通圏を拡大させるために、中国大陸への派兵を表明しており、秀吉は中国大陸を攻略する先鋒に、行長と清正を目論んだのである。

秀吉の構想は、明国の首都北京《ペキン》に天皇の遷幸を目するなど児戯《じぎ》に類するもので、誰もが秀吉特有の大法螺《おおぼら》と聞き捨てていた。ところが秀吉は中国派兵の準備として、対馬《つしま》の宗義智《そうよしとし》に中国への道筋となる朝鮮の李《り》氏王朝の国王に入朝させるように命じたのだ。

宗氏の対馬の土地は痩せているため、朝鮮貿易の利益で成り立っていた。宗氏は秀吉の居丈高な要求を、朝鮮国に交渉できるわけがなく、親しい小西行長に泣きついた。行長は薬種の仕入れ先である朝鮮の事情は会話もできるほどに明るく、秀吉の暴挙には反対だった。秀吉側近の石田三成と行長は互いの父と兄が堺奉行を歴任して親密に交際しており、三成も海外出兵に反対だが、秀吉に諫言できなかった。

秀吉は朝鮮国王に明への道案内をさせようとしたが、明国を宗主国とする朝鮮国にとって受け入れられるものではない。三成と行長らは、秀吉が求める朝鮮国王の入朝は無理と判断し、秀吉の意に反しても可能な限り衝突を避けようとした。朝鮮側に定期的な通信使の派遣を認めさせ、それで秀吉を誤魔化そうとした。

天正十八年（一五九〇）に、三成らの工作で朝鮮通信使が京に到着すると、秀吉は朝鮮が服属したと誤解して肥前名護屋《なごや》に本営を設け、翌年には諸大名に出兵を命じた。行長と宗義智は朝鮮の釜山《プサン》に上陸し、朝鮮国王に日本の征明軍が朝鮮国内を通過する了承を求めたが、応答がなかった。そうするうちに後続部隊が続々と押し寄せたため、行長らは強硬策に転じて釜山城を陥れ、東萊《トンネ》城を攻略した。

行長は秀吉を騙した工作を露見させないために、日本の武将を朝鮮国の要人と接触させないよう、誰よりも先に朝鮮半島を北上進撃した。一方で、秀吉が行長の対抗馬とした清正は、秀吉への忠誠心から我武者羅《がむしゃら》に進撃し、両軍は前後して朝鮮首都の平壌《ピョンヤン》に入り占領した。

朝鮮国王が明に救援を求めると、明は朝鮮救援軍を派遣した。日本軍は朝鮮と明の連合軍から本格的な反撃を受けると苦戦するようになったが、劣勢の中でもたびたび敵軍を撃破しており、両軍は何度も講和交渉を持つようになった。

結託した三成と行長は、秀吉を無視した条件で戦いを終わらせようとするが、秀吉の名誉のためにも日本の朝鮮国内での自由往還と、大同江《だいどうこう》以南の日本軍征服地の割譲は譲れず、交渉が決裂することを繰り返した。

講和交渉で三成と行長は、味方の長所も弱点も敵に吐露した。こうしたことは国内では、情を知る武将からは誠意とされることもあるが、異民族との交渉には通用せず裏切りである。前線司令官の一人加藤清正は、秀吉への忠誠心から行長らの講和交渉に納得しなかった。だが三成は秀吉に、清正が講和交渉を妨害すると訴えたため、清正は召還されて、秀吉から謹慎処分を受けた。

文禄二年（一五九三）八月、秀吉に男児（秀頼）が誕生した。この頃には秀吉も朝鮮や明の征服は無理と見ていたようで、自分の名誉が守られた有利な条件ならば和平も考えるようになっていたようだ。

文禄五年（一五九六）九月に、秀吉は明からの正使を大坂城で謁見し歓迎の宴を開くが、要求が拒否されている講和の内容を知って激怒した。交渉の主導者である行長は、秀吉から死を命じられたが、石田三成や前田利家、淀殿《よどどの》が再度の朝鮮出兵に行長が必要と取りなし、一命を取りとめることができた。

行長や三成は、最初から秀吉に朝鮮と明の現状を詳細に説明し、出兵の無謀さを説けばよかったのだが、秀吉の怒りを恐れて誤魔化したため、嘘に嘘を積み重ねて自縄自縛になってしまい、収拾がつかなくなっていったのだ。

醒めた感情で関ヶ原を戦った行長

慶長二年（一五九七）正月、行長は武功を立てて不忠を埋め合わせするように厳命された出陣した。

この時行長は、宿敵の加藤清正を抹殺するため、朝鮮水軍の李舜臣《りしゅんしん》に清正の渡海月日や宿泊する島などを内通するという悪辣なことをしている。だが李舜臣がこれを信じなかったことで大事に至らなかった。

秀吉に忠実な清正と、不誠実な行長とは内部抗争の核となり、この事情は朝鮮側にも知られていた。明将は講和を持ち出せば行長が乗ってくるとし、講和交渉を設けて行長を捕縛しようとも画策した。さらに長期戦で将兵の戦意も衰えて、朝鮮側に投降する〝降倭《こうわ》〟も増え、彼らは行長と清正の離反を図るようになっていった。

慶長三年（一五九八）八月に、秀吉が大坂城で死去すると、大老の徳川家康や前田利家らは秀吉の喪を秘し、朝鮮在陣の諸将に速やかに講和して帰国するように命じた。九月になると明と朝鮮の連合軍は、日本軍の順天《じゅんてん》城、泗川《しせん》城、蔚山《うるさん》城に大攻勢を仕掛けてきた。泗川城の戦いで島津義弘が、蔚山城の戦いで加藤清正らが大勝したことで逐次撤退できたが、朝鮮水軍の李舜臣は執拗に妨害してきた。殿《しんがり》の島津義弘と行長は巨済島《コジェド》で朝鮮水軍に襲われたが、李舜臣を戦死させ無事に帰国することができた。

秀吉を欺いた三成や行長を許せない清正に、福島正則や細川忠興《ほそかわただおき》ら武断派諸将が同調し、三成には増田長盛や長束正家ら文治派が集まり、こうした中で行長は帰国した。

慶長五年（一六〇〇）の、家康による会津征伐では、行長は残留を命じられ三成の呼応に応えた。キリシタンの行長は、この頃から「神の思し召しに従うように、事態の流れに身を委ねる」という、醒《さ》めた感情になっていたように思われる。

九月十五日の関ヶ原本戦では、行長は四〇〇〇の軍勢を率いて奮戦した。だが突出して戦う宇喜多隊を支援できず、小早川秀秋らの裏切りで小西隊は崩れた。行長は伊吹山中に逃れたがキリシタンのために自害は許されず、里人に身分を明かして褒美をもらうように言い、関ヶ原周辺の領主である竹中重門《たけなかしげかど》に捕縛された。

行長が六条河原で斬首されると、キリシタンたちが彼の遺骸を弔衣で覆い、ひそかにイエズス会の駐在所に移し、宣教師たちの手で埋葬したとされる。

今日の日本人は戦争に懲りて和平を求める傾向にある。行長は商人として利を失うことを恐れたのだが、終始一貫して戦を避ける行動をしたと評価する人もいる。

会社や社長がいかに間違って非道なことをしても、わが身の安泰を思って黙しているのが普通だろう。大恩ある社長を裏切り、否定することは容易でなく、そういうことからすれば行長は信念に基づいて行動できる稀な人物だったかもしれない。だが複雑に立ち回って秀吉を騙し続けたことは、武将として超えてはならないことで、秀吉の怒りを恐れずに、朝鮮の実情を説明すれば、苦労することもなかったのである。

西軍

長束正家《なつかまさいえ》

近江水口一二万石⇩滅亡

家康に情報を流し計算を間違う算術の人

秀吉に算術能力を買われた正家

長束正家は織田信長の重臣丹羽《にわ》長秀《ながひで》に仕えていた。長秀は信長の弔い合戦の山崎の戦いでは秀吉軍に加わり、織田家の後継者を選ぶ清洲会談では秀吉に味方し、秀吉が柴田勝家と雌雄を決する賤ヶ岳の戦いでは、秀吉を援護した。

秀吉も長秀に遠慮して一二三万石の高禄を与えていたが、長秀が死去して丹羽家を子の長重《ながしげ》が嗣ぐと、秀吉は佐々成政《さっさなりまさ》征伐で丹羽家の家臣が敵に内応したとして、長重を若狭《わかさ》一五万石に減封した。この時秀吉は、丹羽家に財政上の不正があったと糾弾したが、丹羽家の家老長束正家が帳簿を証拠として抵抗した。

正家は秀吉から算術能力を買われて直臣となり、豊臣家の財政を担って蔵入地の管理を任された。さらに小田原征伐や朝鮮出兵で兵糧奉行を務め、文禄四年（一五九五）

に近江《おうみ》国水口《みなくち》城五万石を与えられ、五奉行の末席に名を連ねた。慶長二年（一五九七）には一二万石に加増された。これらは算盤《そろばん》で弾きだした身代である。

正家の複雑な算盤勘定

正家の正室は徳川家康の重臣本多忠勝《ほんだただかつ》の妹であるため、徳川家との関係も深かった。慶長四年（一五九九）九月に、石田三成や浅野長政らによる、家康襲撃計画があった時には、増田長盛とともに家康に通報している。

翌年六月に、徳川家康が上杉征伐に伏見を発ち、京極高次《きょうごくたかつぐ》の大津城に宿泊し、その翌日には近江の常楽寺《じょうらくじ》に宿泊した。正家は家康宿所を訪ねて、鉄砲二〇〇挺を献じ「ぜひ明日は、わが水口城にお寄りください」と言った。

家康は了承する返答をしたが、配下の甲賀衆の注進によって、正家が三成と結託し家康襲撃を企てていると知り、夜間に大急ぎで水口城下を通過し土山《つちやま》に至った。東西の動静を冷静に見ていた正家は、家康への恭順の意思を示したのだが、子や家臣らに家康暗殺の動きがあり、それが家康に知られたのである。

正家は自分が何か失態をしたと思い、翌日に土山の家康を訪ねたが、家康から冷淡にされて追い返され、正家の寝返り工作は失敗し、徳川方に与する道は断たれた。

打倒家康の決意をした石田三成は、長束正家、増田長盛、前田玄以という三奉行の名で「内府違いの条々」を、全国の大名に発して家康を弾劾したため、家康は正家を敵と確定した。

伏見城の落城後に正家は、宇喜多秀家らと伊勢方面の安濃津《あのつ》城攻めに加わっているが、三成が増田長盛に出した書状では「正家と安国寺恵瓊が、家康と対決することに弱気になっている」と記している。この期におよんで総司令官の三成が全軍を掌握できておらず、正家は家康陣営に加わりたかったに違いない。

関ヶ原合戦で正家は、九月七日から南宮山《なんぐうさん》の麓に陣していた。十五日の関ヶ原本戦には、家康に内応した吉川広家が軍を動かさないために、傍観することで終わってしまい、西軍が壊滅すると撤退した。

水口城の目前まで逃れた時に、山岡景友《やまおかかげとも》の攻撃を受けたが辛くも帰還できた。水口城が東軍に包囲されると、正家は身重の妻を脱出させている。妻の父本多忠勝を通じて家康への謝罪工作を求めたのかも知れない。籠城する正家は、亀井茲矩《かめいこれのり》と池田長吉《いけだながよし》からの本領安堵という説得に応じ、城を出たところを捕縛された。

家康はあくまで正家を許さず、十月十三日に弟直吉《なおよし》とともに切腹を命じた。正家に武将としての算盤はなかったようで、なんともだらしない最期であった。

西軍

増田《ました》長盛《ながもり》

大和郡山二〇万三〇〇〇石⇩除封⇩切腹

一貫した不可解な行動を理解されず自滅

外交交渉や武功で秀吉に認められる

増田長盛は、秀吉が長浜に城を築いた頃の、天正二年（一五七四）に三〇〇石で仕えたとされるが、それ以前の経歴は明らかではない。秀吉の麾下として多くの戦いに従軍し、小牧長久手《こまきながくて》の戦いでは先陣を務めて功があり二万石の大名になった。

秀吉は長盛に外交交渉能力を見たようで、安房国《あわのくに》の里見義康《さとみよしやす》の取次役とした。天正十八年（一五九〇）の小田原征伐で北条氏が滅ぶと、中村一氏《なかむらかずうじ》が駿府に移封されたことから、長盛は一氏の近江水口《みなくち》六万石を拝領し下野《しもつけ》、常陸《ひたち》などの大名の取次となる。

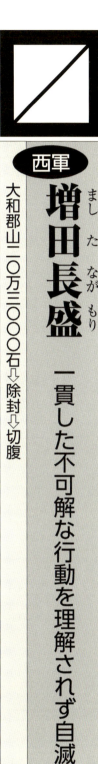

秀吉が朝鮮に出兵した文禄の役では、石田三成や大谷吉継とともに、軍奉行として占領地の統治や兵站にかかわり、碧蹄館《へきていかん》の戦いにも参加している。

文禄四年（一五九五）に、大和国を領した秀吉の弟秀長《ひでなが》の養子秀保《ひでやす》が没すると、長盛は大和郡山《こおりやま》城二〇万三〇〇〇石を与えられた。秀吉は長盛の才能を買っていたということだろう。

不可解な行動が連続する長盛

長盛は秀吉の生前から、同僚の間で抜け目のない男とされていたが、秀吉の死後にはよりいっそう不可解な行動を取るようになる。豊臣政権の奉行の一人として、石田三成らとともに、反徳川家康の立場を鮮明にしているが、家康暗殺の陰謀が企てられた時には、長束正家とともに家康に通報している。

そうかと思えば、慶長五年（一六〇〇）六月に、家康が上杉征伐に会津に向かうと三成とともに挙兵し、家康を糾弾する「内府違いの条々」に名を連ね、西国大名に加担を要請するなど精力的に行動している。その反面で、江戸の家康に「三成と大谷吉継が談合を重ねている」という情報を送っている。だが家康は長盛の情報を無視し、伏見城を守らせた鳥居元忠からの情報を受け、軍を反転させるのである。

長盛は紀伊や和泉国など一〇〇万石以上の豊臣家蔵入地の管理を委ねられていた。三成は家康との決戦に臨んで、長盛へそれらの融通を頼んだが、長盛は豊臣家と三成の行動は別物としたかったのか出し渋っている。そのくせに長盛は、伏見城攻めに参加し、家臣の福原清左衛門《ふくはらせいざえもん》を通じて、城内の甲賀衆を寝返らせて落城に導いている。

大津城攻めでは一門の増田作左衛門《さくざえもん》に軍勢を率いさせ、増田勢は城壁を乗り越えて攻撃するなど活躍していた。関ヶ原には家臣の高田小左衛門《たかだこざえもん》を送ったが、主人が主人なだけに高田も関ヶ原の本戦に参加していない。

長盛自身は、三〇〇〇の兵を率いて大坂城西の丸に入り、大坂城の守備をしていたと言えなくもないが、城内の様子を家康に知らせていたようだ。もはや一貫性のない長盛の行動は、彼の習性となっており、長盛という人間は理解しにくい。

子の盛次を大坂城に送り切腹

関ヶ原の戦いで西軍が壊滅すると、大坂城の長盛は剃髪して家康に謝罪した。家康は長盛を三成に同盟する者と見ているのだが、所領を没収するだけでなく金一九〇〇枚と銀五〇〇〇枚を差し出させ、訳のわからぬ行動に免じて高野山に追放した。

一方、長盛の居城の大和郡山城は、秀吉による小田原征伐での伊豆山中城攻めで一番乗りをした、猛将の渡辺勘兵衛《わたなべかんべえ》が留守を預かっていた。勘兵衛は城接収役の藤堂高虎、本多正純《ほんだまさずみ》らに「主君長盛からの命以外には開城はできない」と抵抗した。勘兵衛は家康が長盛に書状を書かせるまで城を守り通し開城したのである。

その後、長盛は武蔵国岩槻《いわつき》城主の高力清長《こうりききよなが》に預けられ、慶長十九年(一六一四)八月に家康に召還され大坂方との和睦の仲介を依頼された。だが、なぜかこれを断わり切腹を申し出ている。長盛なりに意地があったのだろう。

長盛の嫡男盛次《もりつぐ》は、豊臣秀次の家臣であったが、秀吉と秀次の仲が割れると、秀吉の命で家康に仕えており、尾張藩主の徳川義直《よしなお》に仕えて三〇〇石を給されていた。盛次は大坂冬の陣を徳川方で参戦したが、豊臣家への恩顧を重いものとし、長盛と相談したうえで、義直に大坂城に入る許しを得て出奔した。

大坂城に入った盛次は、長宗我部盛親隊に加えられ、元和元年(一六一五)五月の八尾《やお》の戦いで、藤堂高虎の重臣磯野行尚《いそのゆきなお》との一騎打ちで討ち取られた。この藤堂隊には渡辺勘兵衛が加わっていた。大坂夏の陣の後、長盛は盛次が豊臣方として戦った責任を問われて、切腹を命じられた。七一歳になっていた。長盛に関する史料は少なく、彼が何をどのように考えていたかは不明である。

現在なら、豊臣会社の役員でありながら、ライバルの徳川会社に自社の情報を流し続けていたのである。簡単に情報を流してしまう人物は、いつの時代にも信用されることはなく、豊臣会社の倒産に際して、徳川会社に移籍することは許されないだろう。長盛には、名誉を重んじる武将の生き方ができなかったようだ。

西軍

安国寺恵瓊《あんこくじえけい》

伊予国内六万石⇩滅亡

的確な推測力を活かしきれない謀僧

信長の運命を十年前に予測した恵瓊

安国寺恵瓊は鎌倉以来の安芸《あき》の守護大名武田氏の流れを汲むとされる。武田氏は恵瓊の父信重《のぶしげ》の代に滅び、恵瓊は京都五山の一つ、臨済宗東福寺の名僧竺雲慧心《じくうんえしん》の弟子となる。

元亀二年（一五七一）に、安芸の安国寺の住持に就く。後年に東福寺二百十五世住持となっても、安国寺住持の座を手放さず、自らを安国寺恵瓊と名乗っている。

恵瓊は、早くから毛利元就《もうりもとなり》に仕えて外交僧となり、合戦には交渉役として従軍して、毛利家と対立する豪族たちを懐柔した。天正元年（一五七三）に、恵瓊が毛利家に出した書状には「信長は、ここ三年、五年と栄えるだろうが、そのうちに高転びに、おおあおのけに転ぶだろう」と、十年後の信長の運命を予測しており、秀吉を「大した人物」と評価している。

信長の中国攻略で、秀吉が備中高松城を囲んだ時、恵瓊は毛利方の交渉役として秀吉と会見して和睦を取りまとめた。間もなく秀吉は信長が本能寺で横死したと知り、大急ぎで上方に引き返して明智光秀《あけちみつひで》を討ち、天下人になる足がかりを得ると、恵瓊は毛利氏が秀吉に臣従する交渉役を務めた。

的確な推測を活かす行動をしなかった恵瓊

恵瓊は秀吉の四国征伐後に、伊予《いよ》国和気《わけ》郡で二万三〇〇〇石を与えられ、還俗《げんぞく》せぬまま大名となった。九州征伐後には六万石に加増され、僧で最高の教養人でありながら豊臣大名という不思議な位置づけとなった。

武将としても小田原征伐に兵を率いて参陣し、朝鮮出兵においては小早川隆景が率いる六番隊で渡海し、戦闘にも参加しているが、現地の子を集め文字を教えたという。

慶長五年（一六〇〇）に、徳川家康が上杉討伐で会津へ向かうと、恵瓊と石田三成は佐和山で密談した。恵瓊は毛利家当主の輝元を担ぎ出す役を受けた。

関ヶ原合戦で、恵瓊は三成に依頼されて毛利勢と行動をともにし、早くから南宮山の麓に陣した。訪ねてきた来島《くるしま》水軍の来島彦右衛門《ひこえもん》に「わが方は油断してしまっており、このままでは負けるだろう」と不満を口にしている。

関ヶ原本戦では、毛利家内で恵瓊の敵である吉川広家が、徳川方への内応工作をしていた。関ヶ原から合図の烽火が上がっても兵を動かさない広家に、恵瓊は使者を送り行動を起こすように促したはずだが、広家は動かず恵瓊らの後続部隊は前進できなかった。西軍は恵瓊が予測したように半日の戦いで壊滅してしまった。

戦場を離脱した恵瓊は、家臣から捕縛の辱めを受けるよりは自身の手で果てることを進言され、家臣が首を切ろうとしたが、恵瓊は首を縮めて逃げ回るという禅僧らしくない腹の決まらない醜態を晒していた。

恵瓊はいったんは長束正家とともに伊勢路へ逃れるが、途中から引き返し毛利秀元の軍に紛れて近江へ逃れ、琵琶湖を渡って鞍馬《くらま》から洛中に入った。京都の六条あたりの民家に潜伏していたが捕縛され、石田三成、小西行長とともに、西軍首謀者の一人として六条河原で斬首された。

恵瓊は推理する能力に優れ、味方の敗北まで予測できていた。だが不利な状況を挽回させる方策を取っていない。状況判断が正しくとも、不利な状況を逆転させる行動を取らねば、何の意味もないという恵瓊の行動は、現代のビジネス戦争の中で戦う人たちの教訓となるだろう。

西軍

長宗我部盛親《ちょうそかべもりちか》

土佐浦戸二二万二〇〇〇石⇩滅亡

致命的な情報収集能力の欠如で破滅

家中の乱れの中で長宗我部家の当主になる

長宗我部盛親は、四国の覇者である長宗我部元親《もとちか》の四男に生まれ、家督を継ぐ存在ではなかった。天正十四年（一五八七）十二月の、豊後戸次川《へつぎがわ》の戦いで元親が跡継ぎと期待した嫡男信親《のぶちか》が討死したので、元親は大きなショックを受けていた。秀吉は「元親の寿命が尽きれば、土佐は次男の親和《ちかかず》に」と元親に朱印状を与えたが親和は早逝し、長宗我部の土佐二二万二〇〇〇石の相続は三男親忠《ちかただ》と四男盛親のどちらかになった。だが盛親は傲慢で短気で親忠より器量が劣ると見られていた。

長宗我部家重臣の久武親直《ひさたけちかなお》は、親忠と親しい吉良親実《きらちかざね》と不仲で、親忠の相続を阻止するために工作した。元親は吉良親実を切腹させて盛親を後継者とし、親忠を香美《かみ》郡岩村《いわむら》に幽閉した。元親の死去で盛親が家督を相続したが、こうした家中が安定しない時期に、関ヶ原の戦いが始まったのである。

運まかせで西軍についた盛親

慶長五年（一六〇〇）六月に、盛親は「秀頼公に忠節を尽くされたい」という石田三成の使者を受けた。かつて秀吉と家康が小牧長久手で戦った時には、父の元親は家康に味方していたが、盛親が元服での烏帽子親《えぼしおや》は、西軍に与する増田長盛であった関係から西軍に付くべきだろうとされた。

盛親は「父なら、どうするか」と思案し、家康方に加わることを決意し、家康に使者を派遣した。だが使者は途中の近江水口で、長束正家が設けた関所で阻止され、土佐に帰ってきたのである。気の利いた使者なら、間道を探ってでも主命を果たしただろうが、盛親の家臣はそこまでの努力をしなかった。

盛親は情報収集もせず「あとは運まかせだ」と、三成方加担に態度を変え、兵を率いて上坂し、伏見城攻撃や伊勢の安濃津城攻略にも加わった。関ヶ原では毛利隊を主力とする軍団に属した。毛利隊最後方の長宗我部隊の位置からは、関ヶ原の状況を見ることはできないが、盛親は毛利隊とともに動けば間違いないと考えていた。

まさか前面に陣を敷く吉川広家が東軍に通じているとは知らず、毛利隊が動かないために動けず、戻ってきた斥候から西軍主力が壊滅したという悲報を受けた。

盛親は関ヶ原の戦いに、一発の銃弾を撃つこともなく不戦敗を喫したが、追いすがる東軍によって一一三人の将兵を失った。伊賀路を経て大坂から土佐に大慌てで逃げ帰るが、途中で二人の家臣を、家康の重臣井伊直政《いいなおまさ》の許に赴かせて謝罪させている。

一四年間雌伏した盛親は大坂方の誘いを受ける

井伊は土佐に使者を送り「盛親自身が大坂に上り、家康に謝罪すべきである」と伝えた。この時に盛親がただちに大坂に上っていたなら、本領は安堵されただろう。

だが久武親直が盛親に「親忠は家康の腹心藤堂高虎と親しく、家康に働きかけて土佐半国を手に入れるだろう。ここで親忠を斬ってから大坂に向かうべき」という奸計を吹き込んだ。盛親は「身を立てるために兄を殺すことは恐れ多い」としたが、最終的には自身が兵を率いて岩村を攻め、親忠を自害させたのである。

遅れて大坂に着いた盛親は、伏見の居邸での謹慎を命じられた。家康は藤堂高虎に「親忠はどうした」と聞くと、高虎は「盛親は兄の親忠が東国に志を寄せるのを嫌い、腹を切らせてしまいました」と怒りを込めて報告した。

家康は「姦臣の無道な言葉に迷ったとはいえ、兄弟の大倫もわきまえない盛親は重罪である」と怒り、死罪にすべきであるとした。だが井伊直政が取りなし、罪一等が減じられ所領没収で済まされた。盛親は兄殺しで所領を失ったのである。

直政が盛親に「しばらく所領を預かることになった」と伝えると、盛親は力なく承伏して一介の浪人になった。髪を下ろして大岩祐夢《だいがんゆうむ》と号し、京都の上立売《かみたちうり》の相国寺門前の柳ヶ厨子《やなぎがずし》で寺子屋の師匠となり、京都所司代板倉勝重《いたくらかつしげ》の監視下に置かれた。

盛親はいつかは家康の許しを得られると、一四年間雌伏して待ち望んでいたが、慶長十九年（一六一四）に、豊臣秀頼から「土佐一国を賞与する」の誘いがあり、盛親は所領回復のチャンスとして大坂城入りを決意した。

板倉勝重は盛親に大坂の誘いがあると読み、盛親に豊臣方に加担する不利を諭して「旧領を回復できるように協力する」と約束した。これに応えて盛親は「旧知の浅野《あさの》長晟《ながあきら》の隊に属し、武功を挙げようと思う」と板倉に誓詞を差し出して信用させた。

盛親は柳ヶ厨子で甲冑に身を固め、六人の従者をしたがえて大坂に向けて出発すると、かねてから潜伏させていた家臣が合流し、寺町今出川の辻では三〇〇騎ほどになり、伏見では一〇〇〇騎の軍団にもなった。

浪人として大坂城に入った盛親だが、大名時代の身代は豊臣方援将の中では最大の大物である。盛親の大坂入りを知った旧臣たちも次々と大坂城に入城し、浪人衆の中では最大の手勢を持っていた。

家の再興を賭けた盛親の戦い

慶長十九年（一六一四）十一月の大坂冬の陣では、盛親に活躍の場はなかった。徳川方は籠城する豊臣方を大筒で砲撃した一弾が、淀殿の座所近くで炸裂して侍女が死亡した。凄惨な光景を見た淀殿は即刻和議に応じ、城の破却や堀の埋め立てを受け入れた。だが、翌年には和議は決裂して夏の陣となったが、頼みの大坂城の防御施設は破壊されており、大坂城の将兵は外に出て戦わねばならなかった。

盛親は六〇〇〇の兵を率い、木村重成《きむらしげなり》隊とともに、八尾方面に出撃し徳川軍を迎撃した。所領を失う遠因になった藤堂高虎隊に奇襲をかけて潰走させたが、木村隊が井伊直孝《なおたか》隊の攻撃を受け、重成が討死して壊滅した。勢いに乗る井伊隊が長宗我部隊を側面から攻撃すると、盛親は敵の中で孤立することを恐れ、潰走してしまった。

翌日の決戦に、盛親は京橋口の守りにあたって出陣せず、大坂城の落城が決すると秀頼の死に殉じることもなく逃亡した。

盛親は決して名将とは言えないだろう。だが、一度敵とした家康に対する執念は激しかったようで、京街道を北上して八幡《やわた》に近い橋本の芦《あし》の中に潜伏していた。潜伏場所の前には街道があり、そこを家康が通れば、銃で狙撃する予定だったとされる。だが蜂須賀《はちすか》隊の長坂七郎左衛門《ながさかしちろうざえもん》に見つかり生捕られた。

身長が六尺ある偉丈夫の盛親は白洲に引き据えられると「命と右手があれば、家康と秀忠を殺害できたのだ」と言った。「大将として戦いに敗れ、自害しないのは如何なることか」と尋問されると、盛親は悪びれた様子もなく「討ち死にするとか、自害するという気がなかった」と応え、さらに「一方の大将である身は、葉武者のように軽々しく討ち死にするものではない」と言い、再起して恥を雪《すす》ぐ意気込みが言外に表れていたという。

盛親は六条河原で首を刎ねられ、四一年の生涯を終えた。

プロ野球で南海、ヤクルト、阪神、楽天で監督をした野村克也《のむらかつや》氏は「負けに不思議の負けなし。勝ちに不思議の勝ちあり」と言っている。たまたま、ラッキーに勝てたという勝ち方もあるが、負ける時は負けるべくして負けており、そこには必ず「敗因」があると言うのだ。

現代社会のビジネスにおいて、情報収集は企業の盛衰にかかわるものだ。まして家の興亡と生命を賭ける合戦の場で、情報収集能力がないことは致命的である。盛親の行動はちぐはぐが連続するが「不思議の負け」ではないのである。

西軍

大友吉統《おおともよしむね》

豊後府内四三万石⇩除封・幽閉⇩豊臣家家臣⇩再興に失敗⇩常陸に流罪

九州の関ヶ原に失敗し家の再興ならず

朝鮮出兵で味方を見捨てたとされ幽閉

九州で六ヶ国を制する大友宗麟《そうりん》は、島津氏に所領を追われた日向《ひゅうが》の伊東義祐《いとうよしすけ》に頼られ、島津氏の北上を阻止するため、大軍を率いて日向へ遠征をした。しかし、天正六年（一五七八）の耳川《みみかわ》の戦いで、壊滅的な大敗をしてしまい、大友家臣団は離反し、大友氏の版図は次第に龍造寺《りゅうぞうじ》氏や島津氏に侵食されていった。

天正十四年（一五八六）に、島津義久《よしひさ》が豊後へ侵攻すると、大友氏は滅亡の危機に立った。宗麟は大坂に上って豊臣秀吉に救援を懇願し、長宗我部元親や仙石秀久《せんごくひでひさ》らの援軍が派遣されたが、戸次川の戦いで大敗してしまった。翌年には豊臣秀吉自身による九州征伐で、島津義久が降伏するが、直後に宗麟は死去した。

大友氏の家督は宗麟の嫡男義統《よしむね》が継ぎ、秀吉から豊後一国と豊前宇佐《うさ》の半郡を安堵された。義統は豊臣姓を下賜され、秀吉から「吉」を与えられ吉統に改名した。

第一次朝鮮出兵の文禄の役で、吉統は六〇〇〇の兵を率いて出征し、金海城《キムヘ》の戦いなどで活動した。文禄二年（一五九三）の平壌城の戦いでは、明の大軍に包囲された小西行長から救援要請を受けたが、行長戦死の誤報を信じて撤退してしまった。ところが行長は自力で苦境を脱出したため、吉統は窮地の味方を見捨てたと判断された。

これには秀吉が激怒して大友家は改易され、吉統の身柄は幽閉され徳川、佐竹、毛利と転々と移されたが、秀吉の死の翌年には許されて、豊臣秀頼が当主となった豊臣家に仕えるようになっていた。

側室と次男への愛情から西軍に

慶長五年（一六〇〇）に、石田三成が打倒家康の兵を挙げた。大友家旧臣の吉弘統幸《よしひろむねゆき》らは、吉統の嫡子義乗《よしのり》が徳川秀忠に近侍していることで、徳川方に味方すべきとした。だが吉統は次男正照《まさてる》と側室が大坂で人質に取られており、豊後と豊前の二ヶ国を約束する西軍の味方をすることに決め、御家再興の希《のぞみ》に賭けた。

九州の徳川方は、肥後の加藤清正が在国し、豊前中津《なかつ》の黒田長政は家康にしたがって出陣していたが、長政の父如水《じょすい》は「かようの時は仕合わせになり申し候。はやく乱申すまじく候」と戦乱を勢力拡大の好機としていた。如水は浪人を集め、またたくうちに三六〇〇の兵を編制した。また、豊後の杵築《きつき》は東軍の丹後宮津《みやづ》城主細川忠興の領地で、杵築城は細川家の重臣松井康之《まついやすゆき》が守備していた。

大友吉統は毛利輝元から兵と鉄砲、兵船を与えられ、広島から豊後に戻ると田原親《たわらちか》賢《かた》、宗像鎮続《むなかたしげつぐ》、吉弘統幸などの旧臣がぞくぞくと合流し、三〇〇〇の兵力となった。吉統は天然の要害である立石《たていし》に陣取り、九州の関ヶ原合戦がはじまった。九月十日には吉弘統幸に一〇〇〇の兵を与えて、杵築城を攻めさせたが敗北した。

杵築城の松井康之は黒田如水に救援を要請し、十三日に細川隊と黒田先遣隊が立石の北方の石垣原《いしがきばる》に布陣すると、大友勢も出動し両軍は激突した。戦いは一進一退を繰り返したが、大友方は吉弘統幸、宗像鎮続らの武将が討ち取られた。

翌日には黒田隊に如水の本隊が合流し、吉統は田原親賢に自刃を諫められたが、剃髪して妹婿の縁から黒田家の重臣母里友信《もりとものぶ》を頼って降伏した。吉統は常陸国宍戸《ししど》への流罪に処され、慶長十五年（一六一〇）に五三歳で死去した。

失敗こそ成長につながるとされるが、朝鮮出兵の失敗で吉統が武将として成長していたかは疑わしい。次男と側室への愛情に縛られたようだが、御家再興に賭ける方向も違っていたようだ。

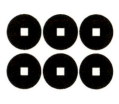

西軍

真田昌幸《さなだまさゆき》

秀忠軍を関ヶ原に遅参させた智謀の将

信濃上田三万八〇〇〇石⇩除封

根の深い確執から家康を嫌った昌幸

真田昌幸は、信濃国小県《ちいさがた》郡の小豪族である真田幸隆《ゆきたか》の三男である。幸隆は武田信玄《たけだしんげん》の父信虎《のぶとら》に所領を追われていたが、信玄が武田氏の家督を嗣ぐと信州に帰って武田氏に臣従した。

昌幸は、幼い頃に人質として武田家に送られ、信玄の許で多くの合戦を体験した。信玄は昌幸の才を「わが両目の如し」と愛し、武田家足軽大将の武藤《むとう》家を相続させた。ところが天正三年（一五七五）の長篠の戦いで、長兄の信綱《のぶつな》と次兄の昌輝《まさてる》が討死したため、真田家に帰って家督を相続した。

天正十年（一五八二）三月に、織田信長の攻勢で武田氏が滅亡すると、昌幸は織田氏に臣従し滝川一益《たきがわかずます》の与力武将となった。ところが三ヶ月後に信長が本能寺の変で横死すると、旧武田領を統治する織田勢は逃走し、無主となった旧武田領を巡って徳川家康や上杉景勝、北条氏直《ほうじょううじなお》らが争奪戦を繰り広げ、昌幸も武田家旧臣を取り込んだ。

滝川一益が北条氏直に敗れると上野も無主になり、昌幸は沼田《ぬまた》城を奪取した。嫡男の信幸《のぶゆき》を岩櫃《いわびつ》城に入れて上野の守備を固めたが、小大名の真田氏の領土は徳川、上杉、北条から狙われ、昌幸も状況に応じて三者の間を渡り歩いた。

昌幸は徳川家康に臣従したが、家康は北条との和平条件で、真田が自力で奪った沼田領を、北条氏に渡せとしたことで、家康から離反した。

天正十三年（一五八五）七月に、昌幸は越後の上杉景勝の支援を得て、二〇〇〇の兵力で上田城に籠もり、徳川軍七〇〇〇を迎え撃ち大勝した。この上田合戦で昌幸は秀吉から信濃の独立大名として認知された。その後も家康は、真田征伐に兵を甲府に進めたが、秀吉の調停により真田氏は徳川氏の与力大名とされた。だが家康は小領主で策を弄する昌幸を警戒し、昌幸は畿内で輝くように活動する秀吉に魅了されていた。

天正十七年（一五八九）に、北条方が真田領の名胡桃《なぐるみ》城を攻略したことで、秀吉は私闘を禁じた惣無事令《そうぶじれい》への違反とし、小田原の北条氏を征伐した。秀吉は家康を北条氏の旧領である関八州に移すと、徳川領の周囲に豊臣系大名を配して家康を牽制するが、昌幸もその一端を担った。

昌幸は沼田領を嫡子の信幸に与え、信幸は家康の重臣本多忠勝の娘を正室としたため家康配下の大名となり、次男の信繁《のぶしげ》は昌幸の後継者としての地位を固めていった。

三成の挙兵を興隆するチャンスとした昌幸

慶長五年（一六〇〇）、家康が上杉景勝討伐に関東へ下ると、昌幸もこれに応じた。石田三成が家康の留守を狙って上方で挙兵し、諸大名に家康弾劾の書状を送り、昌幸は下野国犬伏《いぬぶし》（現・栃木県佐野市）で、この書状を受け取った。

昌幸は三成の使者に「かほどの大事を、前もって相談せぬことがあるものか」とした怒りの返書を渡し、信幸と信繁を呼んで評議を開いた。長男の信幸は本多忠勝との縁から家康に与したが、次男の信繁は人質として秀吉の許に送られて、秀吉の傍近くに仕え、秀吉の声がかりで大谷吉継の娘を妻にしていた。ところが昌幸は二人の息子の立場とは違った発想をしていた。

昌幸は智謀の将とされ「真田は表裏比興《ひきょう》（卑怯）の者」と評されていた。家康が上方を留守にすれば、三成が挙兵するのを昌幸は予測できたが、前もって知らせられなかったとして怒ってみせた。そして、三成と書面で交渉して謝罪させ、勝利すれば信濃と甲斐を与えるという条件を引き出したのである。

昌幸と信繁は上田に帰り、真田父子が訣別したことは家の存続のための両面作戦とされたり、上田合戦で上杉景勝の支援を受けた返礼ともされるが、昌幸は家を興隆させるために、所領の拡張を望んでいたと思われる。

家康も誤った昌幸の人間性

家康の後継者秀忠は、徳川軍の主力である三万八〇〇〇の大軍を率いて、中山道を上方に向かった。秀忠は上田城の昌幸に、信幸と本多忠勝の長男忠政《ただまさ》を使者として送り、帰順を勧告した。昌幸は帰順するような態度を見せながら、最終的には「太閤様の御恩忘れがたく……」と抗戦の意思を示した。

秀忠は麾下の武将に上田城攻略を命じ、関ヶ原合戦の前哨戦が始まった。信幸は信繁の籠もる砥石城攻略を命じられたが、信繁は砥石城から兵を引き、兄弟による死闘を回避した。砥石城の占領は信幸の功とされた。

昌幸は二〇〇〇の兵力で籠城戦を展開し、奇策を用いて秀忠軍を誘って打ち破った。徳川方の史料にも「我が軍大いに敗れ、死傷算なし」とある。秀忠は昌幸に翻弄されて小諸《こもろ》に退いた。

利根川の増水で遅れていた家康からの使者が、秀忠の許に着き、上洛を命じられた秀忠は上田攻略を諦め、急いで上方に向かった。だが秀忠は、九月十五日の関ヶ原合戦の本戦に遅参してしまった。そのため家康は、豊臣恩顧の大名たちの軍勢を主力にして戦わねばならず、戦後の論功行賞《ろんこうこうしょう》では、彼らに大禄を与えねばならなくなった。

さすがの昌幸も、たった一日の戦いで、三成方が崩壊するとは思ってもいなかった。家康は昌幸と信繁父子に、上田領没収と死罪の処分を下したが、長男の信幸とその舅の本多忠勝の助命嘆願によって高野山への蟄居とされた。

信幸と別れの対面をした昌幸は「さてもさても口惜しきかな。内府をこそ、このようにしてやろうと思ったのに」と涙を流し、無念の胸中を語ったという。

昌幸と信繁は高野山麓の九度山《くどやま》に屋敷を構えて住み、紀州藩主になった浅野幸長《あさのよしなが》の監視を受けた。昌幸は浅野家から毎年五〇石の米を贈られ、信幸は年貢の一部を割いて支援したが、昌幸らの生活は苦しく、信幸や浅野家を通じて家康に赦免を願っていた。晩年の昌幸は気力が衰え、慶長十六年（一六一一）に六五歳で死去した。

昌幸は領土に対する執着心が強く、爽やかな武将ではない。現代で言うなら、破格の俸給を提示されれば、ライバル会社に移籍することも厭わないと思える人だ。昌幸は徳川の大軍を少兵力で二度までも破り、絶大な「費用対効果」を上げている。家康も昌幸を小領主とあなどらず、慎重に接しておれば傘下にできたのだ。

両天秤は吉と出たか、凶と出たか

戦いは博奕《ばくち》のようなもので、常に勝ち負けがある。運よく勝者の側に立てば、領地を拡大し立身出世も可能になる。だが不運にして敗者の側に立てば、生命も財産もすべてを失うことになる。

関ヶ原合戦は、いわば日本中の大名たちが、こぞって博奕に参加したものと言える。ここでは棄権も許されなかった。徳川家康は二五〇万石の所領を背景とした実力を持ち、石田三成には豊臣家に対する忠誠心と正義はあっても力が弱いというもので、すべての大名がいずれの陣営に付くかの賭けを強いられたのであった。

家康と三成が、関ヶ原の合戦によって決着をつけるという状況になると、多くの大名は去就に迷い、御家を存続させるために、密かに二股をかけていたとされる。

だが当時の武将たちは、所領を増やすために異常な執念を燃やしており、家を存続させるためとは言え、家臣を犠牲にして戦い、プラスマイナスがゼロになるようなことをしたのであろうか。

真田昌幸vs.信幸

恩賞に惹かれた昌幸は信幸と袂を分かった

石田三成が家康打倒の兵を挙げると、真田昌幸は上野の犬伏で三成からの「故太閤の旧恩を思い味方ありたい」という使者を受けた。昌幸は信幸と信繁の息子と三人で長時間密談し、家臣が様子をうかがいに出向くと、昌幸は下駄を投げつけたという。

信幸は本多忠勝の娘を徳川家康の養女として正室に迎え、家康に信服しており「石田が野心のために、秀頼公の名をかたった」と言い張った。次男の信繁は秀吉に直接勤仕し、石田方の大谷吉継の娘を正室にしており「石田の挙兵は義挙に違いない」と主張し、兄弟は互いの主張を譲らず、いまにも斬り合うような激論になったという。

昌幸は「家康にも秀頼にも、恩顧を受けたわけではないが、このような時に家を隆盛させ、大望をとげようと思うのが武将というものだ」と石田方につく決意を述べ、信幸を翻意させようとしたが信幸も譲らず、父子は別の道を歩むことに決めた。

昌幸は「これが家の存続に繋がることにもなろう。これも一つの方法だ」と言って迅速に陣を引いた。信幸は残って、家康に父と弟が三成に加担することを伝えると、家康は昌幸の所領を信幸に与える証文を発行した。

昌幸と信繁は、周囲が徳川方の中を警戒しながら上田の居城に向かった。途中の信幸の居城の沼田城には、信幸夫人の拒否によって入れなかった。城下の寺に宿泊すると寺僧から「信幸様がおいでにならぬようですが」と尋ねられ、信繁は「信幸殿は浮《ふ》木《ぼく》に乗って、風を待っておられるわ」と吐き出すように応えたという。

昌幸と信繁は上田で徳川軍主力の秀忠勢を足止めさせ、関ヶ原の決戦に遅参させた。だが肝心の関ヶ原合戦では、石田方は一日で壊滅してしまい、昌幸の功を無にした。

昌幸の名声は大いに上がったが、その分だけ家康と秀忠の怒りは激しく、昌幸と信繁に死を命ずる決心は固かった。信幸は懸命になって助命を願い「願いが聞き届けられねば、生きている面目はない」とまで言うと、舅の本多忠勝をはじめ、榊原康政や井伊直政も家康父子に嘆願してくれた。

ついに家康父子は折れて、昌幸と信繁に高野山での蟄居を命じた。真田家は両天秤をかけた形になったが、信幸も昌幸と信繁の命を救うことが精いっぱいで、信幸は関ヶ原後に祖父幸隆以来の「幸」の字を捨てて過去を断ち切り、信幸から信之に変え徳川氏の一大名として生きることになった。

二度も徳川軍の攻撃を阻止した上田城は、関ヶ原の翌年には幕府の手によって更地にされてしまった。

蜂須賀家政VS.至鎮

反三成の家政は出家し至鎮は家康方で戦った

阿波《あわ》の蜂須賀家は、小六《ころく》といわれた正勝《まさかつ》が、秀吉が藤吉郎《とうきちろう》と呼ばれた頃からの交誼があり、藤吉郎の墨俣《すのまた》城の築城に協力し、土豪から大名になっていた。正勝の子の家《いえ》政《まさ》は秀吉の黄母衣《きぼろ》衆として各地を転戦し、秀吉が正勝に阿波一国一八万六〇〇〇石を与えようとしたが辞退したため、家政に与えられていた。

家政の子の至鎮《よししげ》は家康の養女を正室にしており、家康の上杉討伐にしたがって出陣したが、父の家政には大坂城から石田方に加わるよう命令があった。

朝鮮出兵で家政は、三成の報告を受けた秀吉から帰陣を命じられ、石田三成ら豊臣政権の奉行衆に不満を持っていた。前田利家の死の直後に、加藤清正らの七将が三成襲撃を図った時には、家政も七将に同調していた。

三成の挙兵に際して、家政は懇意にしている毛利輝元に「三成の挙兵は豊臣家への逆意である」と三成方に参加しないよう申し送っている。家政は天下の形勢を冷静に判断していたのだろう。病気を理由に大坂城からの命令にしたがわなかったが、秀頼への恭順の意を表すため、阿波国を返上した。

使者の前田玄以から大坂屋敷からの退去を求められ、家政は剃髪して「蓬庵《ほうあん》」と号し高野山に登り光明院に入った。この間に家政は、至鎮に使者を送って上方の状況を知らせ、至鎮はその密書を家康に差し出した。阿波国返上により、徳島城は毛利輝元に接収され、家臣は大谷吉継の隊に加わるように命じられた。

至鎮は東軍の先鋒に加わって戦っている。関ヶ原合戦でも小勢のため大した働きもなかったが、戦いは東軍が勝利した。大坂からの催促で、枚方《ひらかた》に陣していた徳島の蜂須賀家家臣たちは至鎮と合流した。至鎮が家康に阿波国の様子を報告すると、元のごとく本領は安堵された。

だが家政には、秀吉への恩顧は忘れがたいものでもあった。大坂冬の陣の原因になる、方広寺《ほうこうじ》の鐘銘事件が起こった直後の、慶長十九年（一六一四）八月に阿波に豊国《とよくに》神社を建立し、秀吉の十七回忌法要を挙行しようとした。

阿波豊国神社の棟木《むなき》には「豊富朝臣蓬庵《ほうあん》」とあり、〝豊臣〟を〝豊富〟として後に問題になった時の言い訳を用意していたものと思われる。

江戸時代を通じて、参勤交代での蜂須賀家の大名行列では、関ヶ原合戦で家康からもらった〝感状〟を額に入れて持ち歩いたという。幕府が神君とする家康が感謝の意を表した書状は重く、蜂須賀家は事が起こった場合の予防をしていたのである。

九鬼嘉隆vs.守隆

父嘉隆の造反に守隆は慌てたが父の自刃で加増

伊勢志摩《しま》の水軍である九鬼嘉隆《くきよしたか》は、信長の石山本願寺との戦いで鉄張りの巨船で毛利水軍を打ち破り、三万五〇〇〇石を領するようになった。秀吉の朝鮮出兵では輸送や海上警護に働き、息子の守隆《もりたか》に家督を譲り隠居していた。

徳川家康が上杉討伐に会津に向かうと、家康から出陣命令を受けた守隆は九〇〇の兵を率いて家康にしたがった。父の嘉隆は石田三成からの密使を受けており、西軍が伏見城を攻略すると、嘉隆は西軍加担を決断した。嘉隆は九鬼水軍を率いて、守隆の居城である鳥羽《とば》城を占拠し伊勢を席捲する。さらに西軍の津城攻撃に協力した。

これを知った守隆は、家康に人質を差し出して帰国し、鳥羽城を包囲した。だが父子は鉄砲に弾も込めずに戦うなど馴れ合いであったようだ。嘉隆は関ヶ原合戦での西軍敗北を知ると、城から逃走して身を隠した。

守隆は家康に父の助命を嘆願して許されたが、それを伝える守隆の使者が到着する前に、嘉隆は自害していた。このことが家康に好印象を与え、守隆は二万五〇〇〇石を加増されている。

生駒親正vs.一正

一正は家康陣営で戦うも親正は大坂の要請を断れず

生駒親正《いこまちかまさ》は織田信長の臣であったが、秀吉の与力として各地を転戦し、秀吉の天下平定後は讃岐《さぬき》国一七万一八〇〇石を与えられた。

家康が上杉討伐を発令した時には、中老として堀尾吉晴《ほりおよしはる》、中村一氏とともに、家康へ出征の中止を申し出たが、家康はこれを無視した。

親正は息子の一正《かずまさ》を家康の上杉討伐に参加させたが、大坂方から大恩のある秀吉の遺児秀頼の名で丹後田辺城攻めを命じられた。親正は悩んだ末に、大坂屋敷に残る兵を田辺に向かわせた。父子が両陣営に分かれたが、生き残りのための策ではない。

関ヶ原での決戦は家康方が勝利した。親正は高野山に入って謹慎したが、一正が家康方で働いたことで生駒氏の所領は安堵されたうえに、讃岐の豊臣家領一万五〇〇〇石を加増された。親正は許されて高野山を下り、家督を一正に譲った。

一正は生駒家の立場の不安定さを思い、早くから妻子を江戸に住まわせ、徳川幕府へ慎重に仕えた。大坂の陣でも徳川方で働き忠勤に励んだが、四代高俊《たかとし》の代になって油断が生じた。家臣間での内紛を追及されて、出羽国矢島《やじま》で一万石に移封された。

鍋島直茂vs.勝茂

直茂は家康勝利を確信し西軍の勝茂は戦いを止める

龍造寺氏は島津、大友と九州を三分する勢力であったが、天正十二年(一五八四)の沖田畷《おきたなわて》の戦いで島津氏に敗れ、当主の隆信《たかのぶ》も討ち取られてしまった。重臣の鍋島《なべしま》直茂《なおしげ》は隆信の遺子政家《まさいえ》を後見していたが、九州を平定した豊臣秀吉から、病弱な政家に代わって国政を担うように命じられた。

関ヶ原合戦で、大坂にいた直茂の子勝茂《かつしげ》は、西軍に属して伊勢攻略に参加していたが、国許の直茂は東軍勝利を予測していた。直茂は急使を出して勝茂にその旨を伝え、尾張方面の穀物を買い占めて、その目録を家康に献上した。勝茂は石田三成から大垣城に入るよう言われても腰を上げず、長島城を包囲したまま東西の勝敗を見守った。

直茂と勝茂の父子は、西軍が敗退すると黒田長政に仲裁を頼み、徳川家康にいち早く謝罪したが、九州の西軍諸将を攻撃することを命じられた。鍋島父子は家康への恭順の意を示すため、加藤清正らと九州の東軍として、小早川秀包《ひでかね》の久留米城を攻略し、柳川城の立花宗茂《たちばなむねしげ》と必死になって戦った。

鍋島父子の働きは認められて佐賀藩主とされ、三五万七〇〇〇石を安堵された。

裏切りの代償

関ヶ原合戦では、多くの裏切りが起こっている。東軍先鋒が岐阜城を落とすと犬山城に詰めていた関一政《せきかずまさ》、加藤貞泰《かとうさだやす》、竹中重門《たけなかしげかど》らが東軍に寝返って開城した。犬山から急遽郡上八幡《ぐじょうはちまん》に帰国した稲葉貞通《いなばさだみち》は降伏し、東軍で長束正家の水口城を攻撃した。

大津城の京極高次が寝返り、関ヶ原本戦では小早川秀秋の寝返りに赤座直保、小川祐忠、朽木元綱、脇坂安治らが呼応した。細川藤孝《ほそかわふじたか》の田辺城を攻撃した谷衛友《たにもりとも》、毛利《もうり》高政《たかまさ》、斎村政広《さいむらまさひろ》らは関ヶ原本戦後に東軍に付いた。

関ヶ原合戦後に、大垣城が攻撃される中で相良頼房《さがらよりふさ》、高橋元種《たかはしもとたね》、秋月種長《あきづきたねなが》ら九州の大名が、石田方の熊谷直盛《くまがいなおもり》、垣見一直《かきみかずなお》、木村由信《きむらよしのぶ》らを殺害し開城した。佐和山城攻めでは石田一族と立て籠もった長谷川守知《はせがわもりとも》が内応し、小早川隊を佐和山城に引き入れた。

裏切り大名には微禄な者が多く、大勢力に組み込まれねば生存は難しいこともあった。多くは本領を安堵されるが、家康へ事前の連絡もなく突然に裏切った者は「三成のほうが、よほど男だ」と家康に言われ、領地を失っている。

裏切り

小早川秀秋《こばやかわひであき》

豊臣一族の裏切りは好感を持たれず

筑前名島三五万七〇〇〇石⇩備前岡山五五万石

小早川隆景は家を捨てる覚悟で秀秋を養子とする

小早川秀秋は、秀吉の正室北政所《きたのまんどころ》の兄木下家定《きのしたいえさだ》の五男である。血縁の少ない秀吉は、北政所の縁者を厚遇しているが、四歳のこの甥を養子にした。

秀吉の縁者でも秀秋の父の家定は、播磨《はりま》国姫路で二万五〇〇〇石しか与えられていない凡庸な人物であった。秀吉が家定の子の中から秀秋を養子に選んだのは、この子に資質があることを見出したのだろうか。

秀吉は八歳になった秀秋に丹波亀山《かめやま》城一〇万石を与えている。現在での小学一年生が大名になったのだ。大人たちが幼い秀秋に跪《ひざまず》き、お世辞を言い、寄って集《たか》ってちやほやすれば、自ら物を考える能力を失ってしまうのは当然だ。

秀秋は一一歳で権中納言兼左衛門督に叙任した。衛門府の長官は中国で〝金吾《きんご》〟とするため金吾中納言と呼ばれ、豊臣家で関白の秀次に次ぐ継承権保持者となった。

ところが、自分の子の誕生を諦めていた秀吉に、秀頼が生まれると、秀次と秀秋の運命が急転した。秀吉は、実子のない毛利輝元に秀秋を養子に押し付けようとした。輝元が承諾すれば毛利家は縁者になり、豊臣政権の基盤が強化される含みもあった。

秀吉は黒田孝高《くろだよしたか》（如水）を通じて、毛利家当主の輝元の叔父で、事実上の毛利家を統率する小早川隆景に交渉させた。思慮深い隆景は「あの馬鹿を、毛利の跡取りにはできぬ」とまで口には出さなかっただろうが、それを阻止するために小早川家を捨てる覚悟をした。

文禄三年（一五九四）に、隆景は弟の穂井田元清《ほいだもときよ》の子である毛利秀元を、毛利家の跡継ぎとして秀吉に謁見させ、秀秋を隆景自身の養子にもらい受けたいと申し出たのである。これにより小早川家の家格が上がり、隆景は豊臣政権の大老の一人になった。

秀吉は関白職まで譲った秀次が疎ましくなっており、乱行を理由に詰問した。文禄四年（一五九五）に、立場が不安定な秀次は、諸大名から誓詞を出させたことを謀反と疑われて自害を命じられた。この時、秀秋も丹波亀山一〇万石を没収されている。

文禄四年十一月に、小早川隆景が隠居し、秀秋は小早川家の家督を譲られた。秀秋は第二次朝鮮出兵で総大将とされたが、その器でないことは明らかである。

秀秋は日頃から「勇将になりたい」としており、蔚山城の救援では先頭に立って戦い、敵の包囲から解放した。これを聞いた秀吉は大満足であった。

ところが石田三成は「太閤様の代官として向かった、総大将のすることではないでしょう。橋頭堡の釜山城を出て深く敵の中に入って戦ったということですが、この隙に敵が釜山城を攻め取っておれば、味方の進退は困難になったでしょう」とし、秀秋の軽率な行動であると断じた。

三成のような人物にかかれば、何をどのようにしても文句は付けられるものだ。この時に、秀秋が釜山城から出なければ、それは戦闘力の欠如とされたに違いない。

冷静な判断能力が薄れている秀吉は、三成の言を受け入れて秀秋を召還し、慶長三年（一五九八）五月下旬には、秀秋に越前北ノ庄《きたのしょう》一二万石への移封を命じた。秀吉には小早川領に三成を入れる構想もあったようだが、その三ヶ月後に秀吉が死去してしまった。

この間に秀秋が越前に移ったという形跡は見当たらないが、秀秋の苦境に救いの手を差し伸べたのは徳川家康であった。慶長四年（一五九九）二月に、家康は「故太閤殿下の遺言」と言い張って、秀秋を筑前の旧領に戻してくれたのである。いかに秀秋でも、家康から大きな恩を受けたことを思わねばならないだろう。

秀秋は家康の包囲網の中にいた

三成は豊臣家安泰のために、打倒家康を掲げて挙兵した。豊臣一族の秀秋にも、三成からの呼び掛けがあったが、秀秋は家康が居城とした伏見城に入ろうとした。ところが伏見城を守備する鳥居元忠に拒否され、しかたなく伏見城攻めに加わり、猛将のようになって攻め立てた。しかし三成は、伏見城攻めの一番の功を島津義弘とした。島津義弘も伏見入城を拒否されており、三成は豊臣家のための戦いに秀秋が与するのは当然で、ここは義弘に花を持たせて懐柔したいという思いがあったのだろう。

秀秋は三成から評価されないことに腹を立てたのか、この後の小早川勢は大津攻めに加わらず、秀秋は病気として大津から離れた石部《いしべ》から動かず、三成ら西軍首脳から疑惑が持たれるようになった。三成は秀秋に秀頼が成人するまでの間の関白職と、上方での二ヶ国の加増を約束している。これには秀秋も心が動いたようだ。

秀秋は大軍を率いていても、まだ一九歳である。将器のある者なら自らの考えで行動をしたであろう。秀秋は豊臣恩顧の浅野幸長や黒田長政から「家康殿に忠節を尽くしなさい」という書状を受けており、秀秋も江戸の家康に使者を送った。だが、家康は秀秋に何を怒っていたのか「小せがれの申すことを、いちいち取り上げるな」と無視していた。

秀秋は浅野幸長や黒田長政から「家康殿が美濃に着く前に、態度を決めることが肝要」とされ、ふたたび接触を取っている。家康が西上するにつれ、秀秋も関ヶ原方面に兵を進めた。家康方の山岡景友が秀秋に使者を送ると、秀秋は東軍の動静を詳しく尋ね、自分が集めた西軍の情報を披露し「自分は、内府の味方である」と伝えた。

三成は秀秋を危ないと判断し、佐和山に呼んで捕らえようとしたり、平塚為広《ひらつかためひろ》に秀秋の陣に行かせ、討ち果たさせようとしたが、秀秋も警戒して会わなかった。

一方の家康は、秀秋の家老平岡頼勝《ひらおかよりかつ》の弟を人質に取り、奥平貞治を目付として秀秋の陣に入れた。黒田長政も家臣の喜多村宮内《きたむらくない》と大久保猪之助《おおくぼいのすけ》を監視として送っている。秀秋の家老で妻が後の春日局《かすがのつぼね》になる稲葉正成《いなばまさなり》は、養子が家康に仕えているというように、秀秋には家康の包囲網が出来上がっていたのである。

秀秋は関ヶ原本戦の前日に松尾山に向かい、そこを守る大垣城主の伊藤盛正《いとうもりまさ》を追い払って陣を置いた。大谷吉継は秀秋を怪しいと警戒するが、三成も吉継も家康のように、人質を取ったり監視を付けることはしなかった。

関ヶ原合戦は、西軍は小西、宇喜多、石田の諸隊だけが戦い、昼になっても死力を振り絞って東軍の攻勢に耐えていた。西軍は大軍を擁する小早川勢に、戦闘への参加を求めたが、秀秋は西軍への攻撃を命じたのである。

この秀秋の決断に、小早川勢で一隊を率いる松尾主馬《まつおしゅめ》が「侍は楯裏《たてうら》の反逆はせぬもの」と反発した。行動しない松尾の陣に秀秋の使い番が駆け付け「早々に懸かられよ」と促すと、松尾は「殿は秀頼公への忠義を何とする」と反論した。使い番が「殿は将である。将が裏切ることを武略と言う。松尾殿こそ不忠義であろう」としたことで松尾は答えに窮し、手勢を傍らに移動させて戦いを傍観したという。

秀秋に過酷な戦後の評価

小早川隊が大谷隊に雪崩《なだれ》れ込むと、大谷隊の前面に布陣していた平塚為広が踏ん張り、大谷吉継も竹輿の上から指揮を執っていたが、小勢のためたちまち小早川勢に呑み込まれ、西軍の崩壊が始まった。

秀秋は伏見城攻めをしたものの、その後は家康方として行動しているのだが、秀秋は豊臣一族の立場から「裏切り者」の烙印を押されることになった。西軍にあっても戦いに加わらず、見事な退却戦を演じた島津義弘と対照的な世間の評判であった。

秀秋が家康に加担したのは、養母である北政所が「徳川殿にお味方なさい」と言ったことによるとされている。だがこれは、北政所と淀殿との女の戦いがあったとする想像からのもので、現代での女性問題が騒動になる感覚で言っているようだ。

北政所は当時の女性として、秀吉の子を産めないことを申し訳ないという感覚であり、秀吉の遺児秀頼を愛し、秀頼も「まんかかさま」と言って慕っているのだ。

実母の淀殿と北政所の間に確執があれば、子どもの敏感な感覚が察知し、秀頼が北政所を慕うわけがないと思われる。また北政所も、秀吉とともに築いた豊臣家を崩壊させようとしたとは思われないのである。

西軍総帥の毛利輝元が、豊国《とよくに》神社で行った戦勝祈願に北政所は同席し、秀吉が猶子にした宇喜多秀家が、豊国神社で関ヶ原への出陣式を行なうと名代を送っているため、北政所が秀秋に家康方に加担するように勧めた形跡はないとする研究者もいる。

秀秋の実の兄弟たちの多くが西軍に与していることから、物事を深く考えない秀秋が、珍しく考えた結果が家康への加担だったのだろう。

しかし、家康方に与するなら、昼まで待たずにもっと早い段階から西軍に攻め込むべきであっただろう。そこには「西軍が優勢になれば」という感情もあったに違いなく、この時間差が秀秋の評価を下落させているのだろう。

関ヶ原の論功行賞では、秀秋は宇喜多秀家の領した岡山五五万石を与えられている。だが、関ヶ原の戦いからわずか二年後の慶長七年（一六〇二）、秀秋は急死した。

秀秋は西軍諸将の恨みの怨念が集中して、狂死したともされるが、アルコール依存症による内臓疾患であったとされている。鬱屈した秀秋は酒で憂さを晴らさねばやりきれない思いであったのだろう。

秀秋に子がないため、小早川家は改易された。秀秋の裏切り評価によって、家臣たちが再仕官するにも苦労したようだ。

早々に旗幟《きし》を明らかにせねば、評価されないことは、日本政府の外交にも見られる。二〇〇一年（平成十三）九月十一日の、アメリカ同時多発テロ事件では、明らかにアメリカに追随している日本政府に対し、前国務次官補のアーミテージが「Show the FLAG」（旗幟を鮮明にしろ）と発言したとされ、日本政府関係者がアタフタとしたことがある。

さらに二〇〇三年（平成十五）三月に勃発したイラク戦争では、アーミテージから日本の役割を野球に例えて「Boots on the ground」（野球場に来るなら観客になるな、試合に出ろ）と言われているのである。

内応

吉《きっ》川《かわ》広《ひろ》家《いえ》

家康に嵌められ毛利家を滅亡寸前にする

出雲富田一四万二〇〇〇石⇩周防岩国三万五〇〇〇石

若い頃に「うつけ」とされた広家

毛利氏が織田信長に真っ正面から戦いを挑んだ時は「毛利の両川」とされた小早川隆景と吉川元春《もとはる》の兄弟が毛利家を支えていた。だがこの二人が没してしまうと、小早川家は秀吉の甥秀秋が嗣いで、毛利家と離れた独立大名のようになっており、吉川家は元春の長子元長《もとなが》が死去したため、三男の広家が継いでいた。

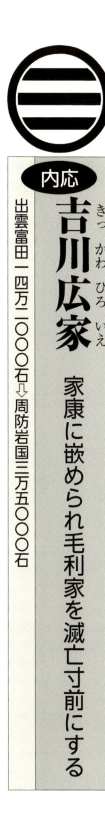

広家は幼い頃には、杯を受ける礼儀作法がなっていないことを、父の元春から注意されるなど〝うつけ者〟とされ、長じてからも所領が少ないとして、勝手に小笠原長《おがさわらなが》旗《はた》の養子になろうとしたこともあり、父を嘆かせた人物であった。

毛利氏は、賤ヶ岳の合戦後に羽柴秀吉を天下人と見定め、毛利家から人質として小早川隆景の養子元総《もとふさ》（秀包）と吉川広家を大坂に送った。元総が秀吉に寵愛されて大名として取り立てられたが、何があったのか広家はすぐに大坂から帰されている。

こうした広家も成人すると秀吉から毛利氏を支える手腕を評価され、秀吉養女の宇喜多秀家の姉を正室に迎え、形の上は秀吉の娘婿となった。天正十九年（一五九一）には秀吉の命で月山富田城《がっさんとだ》に入ると、出雲三郡など一四万二〇〇〇石を支配した。

独自の判断で徳川方と内応の約束をした広家

毛利家当主の輝元は、凡庸な人物とされているが、秀吉の毛利家に対する信頼は厚かった。小早川隆景は秀吉の直臣だが、隆景自身は毛利家の一員として終始しており、秀吉の晩年には毛利家から輝元だけでなく、隆景も大老の一人に任じられていた。

秀吉の死後に石田三成と徳川家康の対立が表面化すると、広家は自分が毛利家を守るために動かねばならないと決意した。ところが毛利家当主の輝元は、安国寺恵瓊から「今、この時に大坂に兵を送らねば、秀頼さまに逆心があると判断されます」と威《おど》されると、慌てて大坂城に入り、西軍の総帥に担ぎ上げられてしまった。

家康こそ次の天下人とする広家は、黒田長政を仲介にして家康に接近し「輝元には徳川家と戦う意思などはありません」と弁明し、独自で毛利家を救う道を探った。

広家は家康から「輝元殿とは兄弟同様の親しい仲で、輝元殿の出馬を不審に思っていたが、三成の謀反に関与していないと聞き、嬉しく思う」という返書と「毛利家の中国一〇ヶ国の所領は保証する」という起請文を受け、胸を撫で下ろしていた。

広家は関ヶ原合戦では本心を隠し、西軍として関ヶ原から離れた南宮山の麓に陣した。だが戦闘が開始されても動こうとしなかったため、後続する毛利秀元や長宗我部盛親、長束正家、安国寺恵瓊などの各隊は戦闘に参加できず、そのうちに西軍の敗報が伝えられると逃走していった。

所領を減らした毛利家は広家に非難を集中させる

家康は西軍が大坂城に籠もることを恐れていたが、輝元は大坂城と西国に味方がありながら、家康の策に乗り大坂を退去した。関ヶ原合戦での広家の功績は家康も認めるところで、広家の「輝元は秀頼様をお守りするため大坂城に入ったので、三成の造反とは関係ない」という主張が認められ、毛利家が安泰であると安堵していた。

だが、家康はしたたかであった。黒田長政から「家康殿からの毛利領安堵は、輝元が否応なく総大将に担ぎ上げられた場合である。ところが大坂城から発見された西軍の連判状の数々に輝元の花押があり、毛利の所領は没収されるであろう」と言ってきた。そして広家に「家康殿は貴殿の忠節は承知しており、毛利領のうち一、二ヶ国を与えられるように交渉中である」とした。広家が毛利家を守るためにしたことがこうした結果になり、いかに広家でも「家康に謀られた」と自覚した。

広家は家康に「輝元が処罰され私が栄達に甘んじるなどは、面目の立つことではありません。私に下さる所領は輝元に与えて下さり、毛利の家名を遺して下さるようお願いいたします」と必死になって哀願した。

家康には、広家がこうした動きに出ることは予測のうちで、これによって毛利家が広家を害することになれば、今度は本気で毛利家を潰すことができるのである。家康は広家の誠意に心を打たれたような振りをして、輝元に周防《すおう》と長門《ながと》を与えるとし、毛利家の存続を認めたのである。

家康を恐れ乾坤一擲《けんこんいってき》の戦いを避けてしまった広家は、毛利家の中で苦しい立場に追い込まれた。毛利家の所領の東端岩国城で三万五〇〇〇石を与えられ、領内の自治を許されたが支藩ではなく家臣とされた。幕府は吉川家を気の毒に思ったようで、二代目の広正《ひろまさ》の代から将軍への謁見を許し、江戸に藩邸を構えることを許すようになる。

毛利本家は輝元の代になり、かつて毛利本家を支えた吉川は広家が、小早川は秀秋という次世代になると、トップがそろって凡庸になっている。そして吉川と小早川の二家ともに関ヶ原合戦で家康方に寝返り、毛利家の所領を縮小させているのである。

脇坂安治

家康方の意志は明らかで本領を安堵される

脇坂安治は賤ヶ岳の七本鎗の一人に数えられ、小牧長久手の戦いで滝川雄利《たきがわかつとし》の伊賀上野城を攻略して淡路国で三万石を与えられ、朝鮮出兵で三〇〇〇石を加増された。秀吉の死後に徳川家康と前田利家が対立すると、安治は家康の許に駆け付け、上杉征伐には次男の安元《やすもと》を参陣させようとするが、石田三成らの妨害で引き返した。この事情を家康方の山岡景友を通じて家康に伝え、家康の了解を得ている。

安治は三成が挙兵すると西軍に加わり、関ヶ原合戦では小早川秀秋に備えて配備されたが、小早川隊が裏切ればただちに同調できるように松尾山の麓に陣した。

午後になって小早川隊が松尾山を下り、大谷吉継隊を攻撃すると、安治は朽木、小川、赤座とともに大谷隊に向かって攻撃を仕掛け、平塚為広隊や戸田勝成《とだかつしげ》隊を壊滅させた。これによって東軍の勝利が決定された。

安治は当初から家康に通じていたことが明らかで、裏切りではないとされて家康から所領を安堵された。慶長十四年（一六〇九）には、伊予国大洲《おおず》で五万三五〇〇石に加増移封されたが、関ヶ原合戦の九年後であるため、関ヶ原での功かは不明である。

朽木元綱

減封されたが、子の稙綱が大名に返り咲く

朽木氏は近江朽木谷の土豪で、足利十三代将軍の義輝《よしてる》が、三好長慶《みよしながよし》に京を追われると朽木谷に匿った。織田信長の朝倉攻めで、浅井長政《あざいながまさ》が朝倉救援の兵を挙げたため、朽木元綱は信長麾下の松永久秀《まつながひさひで》の説得を受け、信長は朽木越えで京に帰還できた。

元綱は信長の死後は秀吉に仕え、朽木谷で二万石を安堵された。関ヶ原合戦では西軍に与し、大谷吉継の指揮下になって京極高次を西軍に参加させた。だが関ヶ原本戦では、藤堂高虎から内応工作をされ、小早川秀秋の寝返りに呼応して脇坂、赤座、小川とともに東軍の勝利に貢献した。元綱は家康に書状を送って意志を伝えていたが認められず、細川忠興のとりなしによって家名を保つことができたが、九五九〇石に減封されてしまった。

元綱の死後に三人の息子が遺領を分割して家を存続させたが、末子の稙綱《たねつな》は三代将軍家光に仕えて信頼を受け、一万石の大名となって近江朽木藩を創設したため、庶流が嫡流を上回る所領を持つことになった。その後も加増を受けて丹波国福知山《ふくちやま》で三万二〇〇〇石を与えられ、十三代続いて明治を迎えている。

小川祐忠

子孫は京で両替商になって豪商に

小川氏は浅井氏に仕えた近江の土豪で、祐忠の代に織田信長と戦うが降伏して信長の旗本に取り立てられた。信長の死後には明智光秀の傘下になったが山崎の戦いに敗れ羽柴秀吉に降伏した。領土が北近江にあるため、清洲会議後は柴田勝家の傘下で長浜を領する勝家の養子勝豊《かつとよ》の家老として仕えた。この当時は一万石程度の領地だったと思われるが、なぜか負け組にばかり席を置いている。

賤ヶ岳の戦いでは、勝豊が秀吉に寝返ったため祐忠も秀吉方で戦い、勝豊の死後には秀吉の直臣になった。朝鮮出兵で浅野長政を救援する功を立て、慶長三年（一五九八）に伊予国今治《いまばり》で七万石を与えられた。

関ヶ原合戦では二五〇〇の兵を率いて西軍に与していた。ところが小早川隊の寝返りに呼応して大谷隊を攻撃し、家臣が平塚為広を討ち取る功を挙げ、佐和山城の攻撃にも加わった。しかし、祐忠は事前に家康に通じていなかったと判断され、裏切りを嫌う家康から領地を奪われてしまった。祐忠は京で隠棲したとされるが、子の祐滋《すけしげ》は両替商で成功し、幕府から二条陣屋を預けられる豪商になっている。

赤座直保

前田家の家臣となって家を存続させる

赤座氏は朝倉氏に仕えたが、織田信長の朝倉討伐で降伏し信長に仕えた。越前の諸氏は柴田勝家や前田利家らの与力となったことで、前田氏とは交流があった。父の直則《なおのり》は本能寺の変で織田信忠《のぶただ》とともに二条御所に籠城して討死し、直保が家督を嗣ぎ秀吉から所領を安堵される。秀吉の小田原征伐では石田三成の麾下で岩槻城や忍城の攻略に参加し、越前国今庄《いまじょう》二万石を与えられた。

関ヶ原合戦では大谷隊の指揮下で北国口で戦い、本戦では小早川隊に呼応して東軍に寝返り、大谷隊を壊滅させた。脇坂、朽木、小川、赤座の四隊の寝返りは大谷吉継も想定できなかった。脇坂は事前に小早川寝返りの情報を受け、小早川隊が動けば同調する心積もりだが、他の三隊は小早川と脇坂の行動に慌てて寝返ったと思われる。

直保は事前に家康に通じていなかったとして所領を没収された。だが前田利長の家臣となって松任《まっとう》城代となり七〇〇〇石を与えられている。慶長十一年（一六〇六）に、越中大門川《だいもんがわ》の氾濫に巡察使となり、濁流を渡河中に落馬し溺死している。直保の子らは永原《ながはら》と改姓し、加賀藩士として存続した。

第二章

見事に敗者復活した者たちの処世術

立花宗茂の居城・柳川城跡

西軍

立花宗茂《たちばなむねしげ》

不敗の猛将は誠意で旧領を復活させた

筑後柳川一三万二〇〇〇石⇩除封⇩陸奥棚倉一万石⇩筑後柳川一〇万九〇〇〇石

秀吉に讃えられた宗茂の武勇

天正六年（一五七八）に、豊後の大友宗麟《おおともそうりん》は日向《ひゅうが》の耳川《みみかわ》の戦いで、島津《しまづ》氏に完敗してしまった。一時は九州全土を席捲する勢いであった大友氏だが、この敗戦により島津氏が支援する反大友勢力が息を吹き返した。大友氏は領土を侵食されて凋落していったが、大友一族の高橋紹運《たかはしじょううん》と立花道雪《どうせつ》の二人の武将が支えていた。

立花宗茂は高橋紹運の長男である。立花道雪には男児がなく、娘誾千代《ぎんちよ》に立花城城主の地位や権限を譲っていたが、宗茂の非凡な才を見て養子に求めた。紹運は道雪との結びつきを強固にするため、嫡男の宗茂を道雪の婿養子とした。だが誾千代は宗茂にも立花家当主として対していた。

天正十三年（一五八五）に道雪が病死すると、大友軍の将兵は意気消沈した。島津の攻勢で滅亡寸前に追い詰められた大友宗麟は、天正十四年（一五八六）に、大坂に上って豊臣秀吉《とよとみひでよし》に謁見し、軍事的支援を懇願して豊臣傘下の大名になった。この時、宗麟は高橋紹運と立花宗茂の父子を「義をもっぱらとし、忠誠無二の者でありますれば、御家人となし賜りますよう」と秀吉の直臣に推薦して二人に報いた。

秀吉は関白として、島津義久《よしひさ》に大友から切り取った領土を返すように命じたが、義久は五万の兵を率いて猛烈に北侵した。これを阻止するのは岩屋《いわや》城の紹運、立花山城の宗茂と、宝満山《ほうまんざん》城の宗茂の弟高橋統増《むねます》であった。義久は紹運に降伏を勧告するが、紹運は「拙者と宗茂は関白殿下の家人です。岩屋、立花、宝満山の三城は殿下の命によって守っております」と拒否し、兵とともに玉砕し岩屋城は陥落した。

秀吉の命により毛利勢が救援に来ると知った宗茂は、立花山城で徹底抗戦する気概を見せた。形勢が不利と悟った島津勢が退却をはじめると、宗茂は追撃して多くの敵を討ち取り、島津方の高鳥居《たかとりい》城を陥落させる獅子奮迅の働きをしていた。

間もなく毛利《もうり》勢が九州に上陸して豊前と筑後を制し、豊後方面には仙石秀久《せんごくひでひさ》、長宗我部元親《ちょうそかべもとちか》ら四国勢が上陸した。ところがこの四国勢は、天正十四年（一五八六）の戸次《へつぎ》川の戦いで島津勢に撃破されてしまった。

翌年三月に、豊臣秀長《ひでなが》が率いる一〇万の豊臣軍が九州に到着すると、島津勢は薩摩に帰っていった。さらに秀吉自身が本隊を率いて出陣すると、宗茂は秀吉に謁見した。秀吉は宗茂を「その忠義、鎮西一《ちんぜい》。その剛勇、また鎮西一」と激賞した、秀吉が島津氏を降して九州を平定すると、宗茂は筑後国柳川《やながわ》一三万二〇〇〇石を与えられた。

天正十六年（一五八八）に上京した宗茂に、秀吉は従四位下に叙そうとしたが、宗茂は旧主の大友義統《よしむね》が従五位下であるので固辞した。秀吉は宗茂の謙虚さを愛し、小田原征伐では、家康の重臣本多忠勝《ほんだただかつ》とともに「東西無双の者」と讃えた。

宗茂は朝鮮出兵での碧蹄館《へきていかん》の戦いで、敵を不利な地形に引き込んで撃破し、続く第二次朝鮮出兵の慶長の役でも、加藤清正《かとうきよまさ》、黒田長政《くろだながまさ》、細川忠興《ほそかわただおき》らを助け、父の仇である島津義弘《よしひろ》とも恩讐を越えて昵懇《じっこん》の仲となった。

秀吉の恩顧を思い西軍に加わった宗茂

慶長五年（一六〇〇）七月、石田三成《いしだみつなり》が反徳川家康《とくがわいえやす》の兵を挙げた。豊臣家に恩義を感じる宗茂は、三成からの誘いを受けると、迷わず三成に味方することを決めた。

ところが三成と確執がある加藤清正らは「石田や小西《こにし》の輩が、秀頼《ひでより》公の御意として策略を巡らせたもの」と、宗茂を思いとどまるように諫めた。折り合いの悪い誾千代とは別居していたが、彼女も「立花家安泰のため」と三成への加担に反対した。

宗茂は「俺が今日あるのは、太閤殿下《たいこう》のお陰だ」と押し切り、西軍の要請に精いっぱい応えようと、軍役を上回る四〇〇〇の兵を率いて大坂に向かった。途中で「われらに味方せられよ。勝利の暁には五〇万石を進じ申すべし」という手紙を持った家康の密使と出会った。宗茂は「すでに大坂に味方すると決めたからには、武士として心を変えるべきでない」と家康の誘いを断り、大坂城に入った。

宗茂は島津義弘とともに美濃《みの》の垂井《たるい》に陣し、毛利の一隊は近江《おうみ》の瀬田《せた》を固めていた。九月三日になると、西軍として北陸を転戦していた近江大津城主の京極高次《きょうごくたかつぐ》が家康方に寝返り、大津城に戻って籠城した。

宗茂は大津城攻めに加わり、二の丸、三の丸と落とすと、高次は九月十四日の夜に開城した。翌日に天下分け目の関ヶ原の決戦があり、もう少し早く大津城を落しておれば、戦って負け知らずの宗茂らの一万五〇〇〇の軍勢が関ヶ原に投入され、小早川《こばやかわ》秀秋《ひであき》らも裏切りにくく、戦いは西軍が勝利したかとも思われる。

宗茂は関ヶ原本戦に参加できず、西軍壊滅を知ると伏見に向かった。大坂からの兵が瀬田の唐橋の上に薪を積み上げて焼こうとしており、宗茂は「昔から京へ攻め上る軍勢を防ぐため、この橋を焼き落としたが無駄なことだ。俺が伏見で防ぐので橋を焼くことは無用」と橋を焼かせなかった。後に家康は宗茂のこの処置を讃えている。

宗茂は三日間伏見に逗留して大坂に向かった。大坂城で西軍総帥の毛利輝元《てるもと》や増田《ました》長盛《ながもり》に、籠城しての徹底抗戦を説いたが、二人は敗戦に怯え、家康の怒りから逃れることしか考えていなかった。宗茂は「このような腰抜けに誘われ、一味になった俺が馬鹿だった」と、徳川方との交渉にあたらせる重臣を残し、海路を九州に向かった。

途中の港で関ヶ原の戦場を脱し帰国する島津義弘と出会った。関ヶ原で兵のほとんどを失った義弘を見て、家臣が「今こそ父君の仇を討つ好機」と進言したが「敗軍を討つは武家の誉れにあらず」と退け、島津勢の護衛を申し出て筑後境まで同道した。

肥前国佐賀の鍋島直茂《なべしまなおしげ》は、息子の勝茂《かつしげ》が西軍で戦ったため、家康に謝罪したが「償いを見せよ」と言われ、筑後柳川に帰った宗茂を、懸命になって攻めてきた。

敗将になって帰ってきた宗茂をなじった誾千代だが、侍女らを武装させて館を固めると、誾千代の下に立花家譜代の家臣も駆け付けていた。

立花勢は柳川北方の八院《はちいん》で鍋島勢と激突し、互いに多くの死傷者を出した。黒田如《じょ》水《すい》や加藤清正の軍も柳川に迫り、宗茂は討ち死にを覚悟した。だがこの時、上方に残して家康と交渉にあたらせた家臣が、家康の赦免状を持って戻ってきたのである。

宗茂は使者を清正の陣に送って和睦が成立し、宗茂は柳川城を明け渡した。この時島津義弘は、宗茂から受けた恩義に報いるため、柳川への援軍を送っており、援軍が柳川へ到着したのは開城から三日後だったという。

家康は島津攻めに向かった清正や如水の軍に宗茂を参加させた。家康は軍勢を薩摩国境に留めさせ、宗茂に島津との交渉をさせた。宗茂が誠実に交渉すると、島津は家康と交渉することになり、島津攻略軍は一部を残して撤退した。

宗茂は上方に向かい、黒田長政を通じて家康に詫びを入れ、粘り強く交渉を重ねたが領地は没収され、柳川城には筑後一国を与えられた田中吉政《たなかよしまさ》が入った。

家臣たちに窮乏を支えられた宗茂

宗茂は意気消沈して九州に帰ると、清正は立花家の家臣団を保護し、宗茂に所領の玉名郡を与えるので自分に仕えるように勧めた。だが宗茂はそれを断って、家康と直接交渉するために、由布雪下《ゆぶせっか》や十時摂津《ととき せっつ》ら一九人の家臣を連れて上洛した。

宗茂は家康に立花家再興を懇願し、家康も宗茂を懇切にあつかったため手応えを感じていたが、家康は結論を出さずに江戸に帰ってしまった。世に「九州の逸物《いつぶつ》」と名の響いた宗茂だが、大徳寺の大慈院に籠もり、嘆くばかりであったという。

宗茂主従の生活は困窮したが、家臣たちは宗茂がやがて世に出ることを疑わず、人夫などになって稼ぎ宗茂を支えた。ある時、米が飯にするほどにはないため粥にして出すと、宗茂は「飯のまま出せばいいものを、いらざることをする。汁かけ飯がほしくば、自分で汁をかけるわ」と言ったという。

また家臣たちは、残った飯を干飯《ほしいい》にするため外に出して出かけた。家臣たちは出先で雨に降られ「殿が干飯を取り込んでくれるだろうか」という話になったが、家臣たちは「そんな些事《さじ》に気が廻るようでは、殿の御運も開けようがない。どうか、お気がつかぬように」と願い、帰ってみると宗茂は書見をしていた。大名気質の大様さが失われていない宗茂に、家臣たちは涙を流して喜んだという。

武将たちの言動を記した『名将言行録《めいしょうげんこうろく》』に、前田利長《まえだとしなが》から一〇万石で召し抱えたいと言ってきた際、宗茂は独り言のように「腰抜けの分際で、色んなことを申すわ」と言い、前田家の使者を前にして、家臣たちは取り繕いようがなかったとある。

慶長八年（一六〇三）になって、宗茂は建築ブームに沸く江戸に出たが、家臣が人夫などになって支える生活は変わらなかった。ある日、十時摂津が虚無僧《こむそう》になって尺八を吹いて托鉢《たくはつ》をしていると、江戸に流れ込んだ無頼の者三人から言いがかりをつけられた。摂津は幕府がこれをさせているかもと考え、宗茂に迷惑がかかることを恐れて逃げたが、男たちは刀を抜いて斬りつけてきた。摂津は尺八であしらっていたが、相手の刀を奪って三人を斬ってしまった。

摂津は町奉行所に連行され、立花宗茂の家老と打ち明けると、老中の土井利勝《どいとしかつ》が二代将軍になった秀忠《ひでただ》に伝えた。秀忠を支える本多正信《ほんだまさのぶ》が宗茂の寓居である高田の宝祥寺を訪れ、宗茂の人柄を確認したうえで、慶長九年（一六〇四）正月に、秀忠の話し相手である相伴衆《しょうばん》として召し出され、五〇〇〇石を給されるようになった。

宗茂は秀忠に誠意をもって仕え、慶長十一年（一六〇六）に、陸奥棚倉《むつたなくら》に一万石を与えられ大名に復活し、慶長十五年（一六一〇）には三万五〇〇〇石に加増された。

宗茂の誠心誠意が通じ旧領を復活

家康は自分が死亡すれば、豊臣秀頼が大坂にいるため戦乱の世に逆戻りすると焦った。家康は豊臣家に主従の逆転を認識させ、諸大名にも徳川家が武家政権の主であることを確認させようとした。だが徳川と豊臣の関係は修復されず、手切れとなった。

慶長十九年（一六一四）の大坂冬の陣に宗茂は出陣したが、目立った活動もなく和睦になった。だが家康の策略によって翌年には大坂夏の陣となった。

家康は幕府存続のため、秀忠にこの戦いを見事に対応させねばならないとし、戦功を積んだ宗茂を秀忠に付けた。秀忠は宗茂に、豊臣恩顧の福島正則《ふくしままさのり》や加藤清正の子たちが、豊臣方に与する可能性を問うと、「彼らが豊臣方に付く時は、必ず私に相談があるに違いなく、そうなれば彼らと差し違えましょう」と応じたという。

また「大御所が本陣を天王寺口に置いたことはどうか」と聞かれると「敵に近すぎます。死を賭した敵が突進してくれば、大変なことになります」としたので、驚いた本多正信が、家康の本陣を後ろに移すことを秀忠に進言《ご》すると、宗茂は「今になってそんなことをすれば士気にかかわります。この期になっても秀頼が戦場に出馬していません。秀頼が出てこない敵は恐れるに足りません」と断言した。宗茂の予測したように、真田信繁《さなだのぶしげ》が家康本陣に突撃したが、真田の奮戦もそこまでだった。

元和六年（一六二〇）に、宗茂の旧領柳川を領した田中吉政の子忠政《ただまさ》が死去した。忠政に嗣子がないために改易になると、秀忠は宗茂に旧領の柳川で一〇万九〇〇〇石を与えた。関ヶ原合戦に敗れた多くの大名は失領し、復活できた者もいるが、旧領に返り咲くことができたのは立花宗茂だけである。

家康に逆らわなかった秀忠だが、好きな者はこよなく愛し、嫌な者を容赦なく潰すという、人の好き嫌いが極端な人だった。宗茂はそんな秀忠の信頼を得て、秀忠の行くところに、常に付きしたがっていた。宗茂が秀忠から厚遇されたのは、戦場では勇猛だが、日頃は温厚で義理堅く、稀有なほどに人格識見が優れていたためとされる。

秀忠が没した寛永九年（一六三二）に、宗茂が何度も救われた肥後の加藤家では当主広忠《ひろただ》の子光広《みつひろ》が、旗本に幕府転覆の書状を出す悪戯から改易された。三代将軍家光《いえみつ》は目付に諸大名を監視させていた。宗茂は家光に寵愛されていたが、それに慣れぬように戒め、養嗣子の忠茂《ただしげ》に「方々に目付がいる」と注意を怠らぬように伝えている。

寛永十四年（一六三七）に島原、天草のキリシタンが領主の圧政に蜂起し、島原の乱となった。七一歳の宗茂も全兵力を挙げて幕府軍として出陣し、キリシタンが籠もる原城を包囲した。ここでも宗茂は、城内の様子から黒田隊への夜襲を見抜いていた。幕府上使の板倉重昌《いたくらしげまさ》が戦死するなどキリシタンの抵抗は激しかったが、幕府軍の兵糧攻めが効果を出し、翌年二月の総攻撃で鎮圧することができた。

宗茂が江戸に帰還すると、鎮圧軍の指揮を執った松平《まつだいら》信綱《のぶつな》が、海上からオランダ船に砲撃させたことなどが問題になるが、宗茂が家光に「信綱の処置は正しい」と意見を述べると、信綱非難の声は消えた。家光は何度か立花家屋敷を訪れ、終始くつろいで上機嫌であったという。間もなく宗茂の隠居は許されたが、毎日家光の許に伺候し、江戸城内での杖や、寒い時には貴人の前でも頭巾を被ることを許された。

やがて宗茂は出仕もできなくなったが、家光が側近に宗茂の病状を聞くことが日課になったという。宗茂の誠心誠意の奉公に、秀忠も家光も魅せられてしまったのだろう。宗茂は寛永十九年（一六四三）に、七六年の生涯を閉じた。

✕

西軍

丹《に》羽《わ》長《なが》重《しげ》

秀忠との縁と父譲りの築城術を活かす

加賀小松一二万五〇〇〇石⇩除封⇩常陸古渡一万石⇩陸奥白河一〇万七〇〇石

若くして苦境を体験した長重

秀吉が羽柴《はしば》と名乗ったのは、織田《おだ》家の重臣丹羽長秀《ながひで》の〝羽〟と柴田勝家《しばたかついえ》の〝柴〟から取ったというのはよく知られた話だ。

長秀は信長の下で数々の戦功を挙げているが、築城の名手で安土《あづち》城築城の総奉行を務め、五層七階の壮麗な城郭を築き上げた。近江国佐和山《さわやま》城一帯の五万石と若狭《わかさ》一国八万五〇〇〇石を領していた。

天正十年（一五八二）に、長秀は信長《のぶなが》から四国征伐軍の副将を命じられ、信長の三男信孝《のぶたか》を大将として津田信澄《つだのぶずみ》、蜂屋頼隆《はちやよりたか》とともに、石山本願寺の跡地に建設中の大坂城に集結し、渡海の風待ちをしていた。

ところが六月二日に、信長が京都の本能寺《ほんのうじ》で明智光秀《あけちみつひで》に襲撃されて横死してしまったのである。長秀とともに四国へ向かう津田信澄は明智光秀の娘婿である。さらに信澄の父信行《のぶゆき》は、信長によって謀殺されていたため信長を恨む理由はあり、光秀からの誘いを受けていると推察できた。

京都での本能寺の変の衝撃は、大坂の四国征伐軍にもろに伝わり、信孝にしたがう兵は四散してしまった。この状況で信澄が光秀と連携して、信孝と長秀に攻めかかればひとたまりもないだろう。長秀は家臣の上田重安《うえだしげやす》らに信澄を討たせた。

備中高松城で毛利方と対していた羽柴秀吉は、信長の悲報を知り〝中国大返し〟で引き返してきた。信孝と長秀の四国征伐軍は秀吉軍と連携し、山崎《やまざき》の戦いで明智光秀を破った。

この後の清洲《きよす》会議で、長秀は池田恒興《いけだつねおき》とともに秀吉に協力し、柴田勝家の主張を封じた。織田家の後継は信長の長男信忠《のぶただ》の遺児三法師《さんぼうし》（後の秀信《ひでのぶ》）と決定した。この三歳の幼児を秀吉が後見することで、秀吉が天下人になる下地は作られ、織田家の領土配分で長秀は近江の高島郡と滋賀郡を与えられた。

翌天正十一年（一五八三）四月の賤ヶ岳《しずがたけ》の戦いで、秀吉は柴田勝家を破り、長秀を越前、若狭、加賀半国、近江二郡をあわせて一二三万石の太守とした。

長秀は柴田勝家が居城とした越前北ノ庄《きたのしょう》に入った頃から結石に苦しみ、小牧長久《こまきながく》手《て》の戦いは一四歳の嫡男長重が丹羽勢を率いて参戦した。もはや治癒の見込みはないと悟った長秀は、病死することは無念とし、天正十三年（一五八五）四月に自ら腹を割き、石のような病根をくじり出し「これが俺を苦しめたのか」と、砕いて死んだ。

長秀の遺領一二三万石は長重が相続した。創業者の急死により、いわば中学生が大会社の社長の椅子に座らされたようなものである。秀吉の天下統一事業は途上にあり、秀吉は若い長重に不安を感じた。

秀吉の越中征伐に、長重は丹羽勢を率いて加わるが、丹羽家の家臣で秀吉の台頭を不快とする者が、敵将佐々成政《さっさなりまさ》に通じて秀吉打倒に動いた者があるとされた。長重は越前国と加賀の大半を没収され、一挙に一二万三〇〇〇石の所領になってしまった。

秀吉は長重の所領を減少させただけでなく、丹羽家の重臣たちを次々とスカウトしていった。丹羽家は秀吉の草刈り場と化し、家老の長束正家《なつかまさいえ》以下、溝口秀勝《みぞぐちひでかつ》、村上頼勝《むらかみよりかつ》、上田重安、青木一重《あおきかずしげ》、大島光義《おおしまみつよし》、戸田勝成《とだかつしげ》らが秀吉の直臣になった。発展途上中の豊臣会社は急激な成長に人材育成が追いつかず、必要な人材を一本釣りしたのだ。

長重の苦境はさらに続き、天正十五年（一五八七）の、秀吉の九州征討の際に、長重の家臣が豊前国の勅願所寺院で狼藉を働いたとして、若狭国を没収されてしまい加賀国松任《まっとう》郡のみの四万石へ減封された。

父長秀の死後三年も経たないうちに、三〇分の一の領土になってしまったのである。大会社豊臣グループの北陸支社長が、石川県の中での一営業所長に落とされたようなものだろう。

長重は前田への感情を抑えられず西軍に加担

秀吉の厳しい処断に、若い長重はひたすら耐え、秀吉に忠実に仕えるしかなかった。こういう時に抜かりなく動くのが徳川家康である。『名将言行録』には、秀吉の小田原征伐で、家康は若い長重が立派に家臣を指揮しているのを見て、声をかけて励まし、息子の秀忠と義兄弟の契りを結ばせたとしている。

長重は努力の甲斐あって、秀吉から働きを認められた。文禄四年（一五九五）には、加賀国で石川、能美《のみ》郡が与えられ、一二万五〇〇〇石で加賀小松《こまつ》城主となった。本能寺の変直後の丹羽家の身代に戻ったのである。

慶長三年（一五九八）に秀吉が死去すると、徳川家康が天下取りの意志を持って行動するようになった。家康の暗殺計画があった時、家康は加賀の前田利長を黒幕として前田討伐を発令し、長重に討伐軍の先手を命じた。

この事態に利長は仰天し、重臣を家康の許に送って弁解に努めさせ、実母の芳春《ほうしゅん》院《いん》を人質として江戸に送ったことで家康は怒りを収めた。

慶長五年（一六〇〇）六月に、家康は会津の上杉景勝《うえすぎかげかつ》討伐の軍を発して、豊臣恩顧の大名たちを引き連れて会津に向かった。家康が上方を留守にしたことで、石田三成が打倒家康の兵を挙げた。

家康は会津攻めで、前田利長を越後の津川口《つがわぐち》の大将に任じたが、長重へは家康からの出陣要請が遅れていた。

利長が長重に出陣を催促したが、長重は前田との事前交渉で弟長俊《ながとし》を人質に差し出すように言われたことで、頑なに応じようとしなかった。

長重には石田方に与する理由はない。だが父長秀が存命の頃には、前田利家《としいえ》を属将のようにしており、その前田の麾下に加わることに不快を感じていた。長重は三成から戦勝すれば北陸道探題《たんだい》の地位を提示するという誘いを受け、銀子三〇〇〇枚と数千石の米を贈られ、旧臣の上田重安らが与力として送られてきた。

長重は石田方の大聖寺《だいしょうじ》城の山口宗永《やまぐちむねなが》や丸岡城の青山宗勝《あおやまむねかつ》から、長重の小松城に兵を集結させて共に戦おうと打診されたが、にべもなく断っている。

石田三成の西軍の陣容が明らかになると、前田利長は会津に向かわず二万五〇〇〇の兵を率いて軍を南に進めた。この時点で、家康からの会津出陣取りやめの報せは利長に届いていなかったと思われる。

長重は小松城下を焼き払わせて前田勢を待ち構えた。利長は小松を迂回して、西軍の山口宗永の籠もる大聖寺城を攻略し、越前に侵攻したが、大谷吉継《おおたによしつぐ》の工作によって金沢に向けて引き返した。この時、前田本隊は小松を避けて迂回しているが、小勢の別働隊が小松城の近くを通過した。

すでに長重へ家康からの出陣要請の書状が届いていたが、長重は自領を通過する前田勢を許せず、浅井畷《あさいなわて》で別働隊の長連龍《ちょうつらたつ》隊に攻撃をしかけた。

長重は本心から西軍に与して前田隊に挑んだものではなく、家康から前田討伐の先鋒を命じられてから、前田を反家康とする観念から抜け出せないうえに、個人の感情が抑えきれなかったのだろう。

長重は感情を爆発させた後に冷静になったようだ。家康暗殺の企てで関東に流されていた土方雄久《ひじかたかつひさ》が、家康の使者になって家康への協力を説くと、長重は関ヶ原合戦前に前田と和解した。

関ヶ原合戦後になって、利長と長重は連れだって家康の許に向かったが、家康は長重と会おうとはしなかった。長重は所領を没収されて蟄居を命じられ、京都で謹慎生活を送っていたが、翌年には、家康から江戸の芝高輪《しばたかなわ》に屋敷を設けることを許された。

義兄弟の秀忠が、長重を返り咲かせた

秀忠も義兄弟である長秀のことを気に掛け、家康に相談したのだろう。家康は「長重の器量は父の長秀を超えている。領地を失ったが、このまま謹慎しているなら、何とかしてやれ」と秀忠に言った。

秀忠は長重の弟の長俊を旗本に取り立て、慶長八年（一六〇三）に、長重を常陸国古渡《ふっと》で一万石を与え、大名に返り咲かせた。

慶長十九年（一六一四）に大坂冬の陣が勃発すると、長重は二〇〇ほどの手勢をしたがえて出陣し、上杉景勝隊の後詰めになった。景勝は家康から鴫野《しぎの》砦の攻略を命じられ猛攻を加えたが、大坂方に救援軍が加わると苦戦した。家康は上杉隊を退却させたので丹羽隊が前面に出された。

長重は芦原に隠れた伏兵を見破るなどで奮闘し、形勢を逆転させる功を挙げた。

大坂夏の陣では、若江《わかえ》の戦いで藤堂高虎《とうどうたかとら》隊が長宗我部盛親《ちょうそかべもりちか》隊に攻めまくられているのを知り、叔父秀重《ひでしげ》が長重の馬印を奪って敵陣に向かった。秀重も丹羽家が復興する最後のチャンスに賭けたのである。

長重の最終決戦は天王寺周辺での野戦であった。叔父の秀重は群がる毛利勝永《もうりかつなが》隊の

中に飛び込んでいった。長重にも敵兵が群がったが、長重は少ない兵を叱咤激励して敵を退け追撃した。

長重の大坂の陣での奮闘は評価され、元和三年（一六一七）には、立花宗茂とともに、秀忠の御伽衆《おとぎしゅう》の一人に加えられた。元和五年（一六一九）には一万石を加増され、元和八年（一六二二）には、柳川に移された立花宗茂が領していた、奥州棚倉《たなくら》で五万石を与えられた。

長重は幕府から城を築造する許可を得て、父譲りの築城術を発揮して取りかかったが、寛永四年（一六二七）に陸奥国白河《しらかわ》郡などで一〇万七〇〇石を与えられた。関ヶ原合戦で改易された大名が返り咲いた例は数家あるが、一〇万石を超えたのは長重と立花宗茂の二人だけである。一方で、失領のままに終わった大名は九〇家以上ある。

身代に合わせて家臣を召し抱えねばならないが、長重は一芸に秀でた者を求め、三年間は扶持《ふち》米を与えて試用期間とした。また丹羽家では家督を相続する家臣の禄を減らし、元の禄高に戻すためには懸命に仕えることを求めたが、これは長重自身の体験からのものだろう。

幕府は伊達政宗《だてまさむね》など奥州の大名を牽制させるために、長重を奥州白河に封じている。長重は幕府から二万両を借り入れて、東北では数少ない総石垣造りの白河城築造に着手し、寛永九年（一六三二）に完成させている。

寛永十四年（一六三七）、長重は六七歳で世を去った。長重は「将軍の恩に感謝し、幕府第一を考えて幕閣たちと親しく付き合え」と遺言している。

丹羽家の家督は嫡男光重《みつしげ》が継ぎ、寛永二十年（一六四三）に二本松《にほんまつ》へ移封されるが、十万石はそのまま維持された。光重も一〇年の歳月をかけて二本松城の大修築をしており、丹羽家が得意とする築城技術は伝承されていたようだ。

丹羽長重の大逆転人生を支えたものに二つの特質があるように思われる。その一つは、長重は根が素直で従順な人柄だったことだ。自分を切って捨てた秀吉を恨むこともなく仕え、それをじっと観察していた家康から「この男なら裏切るまい」との信頼を得たことである。もう一つは、築城技術が彼を大いに助けたことだ。徳川政権下で長重が築城を命じられた城は、東北と関東の交通の要衝であり、奥州支配の要として強固なものを必要とされていたのだ。

長重の幕府への忠節という遺言は、幕末になっても変わらなかった。奥羽越列藩同盟の一員として新政府軍と戦い、〝二本松少年隊〟は一四人が戦死する悲劇になった。

独自のスキルを持ち、人を裏切らず、人から警戒されないという人物は貴重な存在である。激動する現代社会においても、最大に必要とされる人物であるに違いない。

西軍

上田重安《うえだしげやす》

一番に執着する武人を助けた茶と作庭

越前国内 一万石⇩除封⇩浅野家家臣 一万七〇〇〇石

戦場でナンバーワンに執着する重安

上田重安は、永禄六年（一五六三）に尾張国に生まれた。遠祖は小笠原《おがさわら》氏の流れだが、信濃国上田に住んだことから上田を名乗っている。

父の重元《しげもと》は、織田信長の重臣丹羽長秀の譜代の家臣で、二〇〇〇石を給されていた。重安が一〇歳の時に父が没したため、祖父の重氏《しげうじ》に育てられている。

主人の丹羽長秀は、天正三年（一五七五）に、信長から若狭一国などを与えられており、間もなく重安は小姓として召し出された。

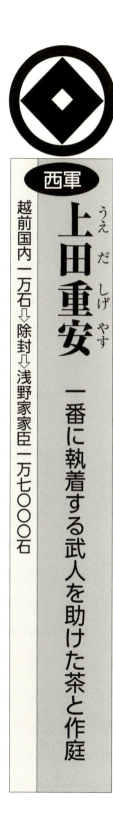

天正六年（一五七八）に、摂津《せっつ》の荒木村重《あらきむらしげ》が信長に叛旗を翻して一年近くも有岡《ありおか》城に籠城した。この時が重安の初陣で、重安は一番に城壁に取り付いて奮戦したという。

その後、重安は小柄な身体に船の舵の指物《さしもの》を靡かせて、丹羽長秀にしたがって各地を転戦するが、常に一番乗りをせねば気が済まなかった。

戦場では一番乗りを狙って猪突猛進する重安だが、茶の湯を千利休《せんのりきゅう》の高弟で「利休七哲」の一人古田織部《ふるたおりべ》に学んだ。茶の湯の座での、現世とは異なる静寂の気配の中にいる時は安心でき、生死を超えた別世界に身を置くことが好ましかったようだ。

天正十年（一五八二）に、丹羽長秀は織田信孝《のぶたか》の副将として四国征伐に向かうため、石山本願寺の跡地の大坂城に集結していた。

ところが六月二日に、織田信長が本能寺で明智光秀の襲撃を受けて横死したのである。長秀とともに大坂で風待ちをする津田信澄は、明智光秀の娘婿で、光秀からの誘いを受けていると推測できた。

この事変で信孝直属の一万の兵は四散し、わずか八〇人ほどになっていた。この状況で信澄が信孝と長秀に攻めかかる可能性は高く、長秀は重安たち家臣に信澄を討つことを命じた。

重安は真っ先に信澄のいる千貫櫓《せんがんやぐら》に突入すると、扉を閉めて味方を閉め出し、信澄の首を挙げて手柄を独り占めしたとされる。恐ろしいほどの功名心である。

この時、羽柴秀吉は備中の高松城を水攻めにして毛利勢と対していたが、信長の死を知ると二万の大軍を率いて居城の姫路に帰った。秀吉は畿内の織田家の武将を糾合したので、信孝と長秀も合流し、山崎の合戦で光秀を討った。

長秀は、この後の清洲会議で、秀吉に協力して恩を売り、近江の高島郡と滋賀郡を与えられると、重安も大溝《おおみぞ》城代に抜擢され、五〇〇〇石を受けた。

さらに天正十一年（一五八三）四月の賤ヶ岳の戦いで、長秀は秀吉を補佐した功により越前、若狭、加賀半国など一二三万石の太守となると、重安も越前で一万石を与えられた。

丹羽長秀の死後には、嫡男の長重は減封されて小大名に転落するが、秀吉は丹羽家の有能な家臣をヘッド・ハンティングし、重安も秀吉の直臣となって越前で一万石を与えられた。

重安は秀吉から大坂城普請の手伝いを命じられるうちに、石の配置の面白さを知り、庭造りにも興味を持つようになっていったようだ。

重安は秀吉の小田原征伐の山中城攻めで一番鎗の功名を挙げた。猪武者のような重安を、なぜか秀吉は気に入ったようである。正室お禰《ね》の叔父杉原家次《すぎはらいえつぐ》の娘と結婚させて、重安を豊臣氏の一族とした。後には豊臣の姓を与えて、聚楽第《じゅらくてい》の廓内の屋敷に住まわせている。

旧主を支援するが敗将として逃走する

茶の湯は身分を問わない社交場である。秀吉は訪ねてくる大名たちを茶の湯でもてなした。修羅《しゅら》の世界に身を置く重安だが、茶事に親しむ時には眼差しが和らぎ、やがて大徳寺の春屋宗園《しゅんおくそうえん》から〝宗箇《そうこ》〟の道号を受けた。

巨大な権力を振るった秀吉が死去すると、前田利家と徳川家康が対立して緊迫したが、利家が死去すると家康が豊臣家の政権を簒奪《さんだつ》するため、策略を巡らせて石田三成ら豊臣家臣を挑発したので、三成は西国の諸大名を糾合した。

家康は前田利長を屈服させ、慶長五年（一六〇〇）六月に上杉景勝討伐の軍を起こし、会津に向かった。その間に三成は家康打倒の兵を挙げた。

重安は家康や秀忠と昵懇の間柄である。三成は小身の重安を相手にしないが、簡単に東軍に付けるという環境ではなかった。三成方になった旧主の丹羽長重と領地が近く、妻や子は大坂城に移されて人質とされていた。

重安は関ヶ原合戦の前哨戦である伏見城の攻撃に加わったが、ここでは一番乗りすることもなかった。伏見城が落城すると、重安は三成から丹羽長重の守る小松城に入ることを指令された。

長重は東軍の前田勢に戦いを仕掛けたが、家康暗殺を仕掛けたとされ幽閉されていた土方雄久《ひじかたかつひさ》が、家康の密使として小松城にくると、簡単に東軍に寝返った。だが家康は長重の寝返りを許さず領地を没収したため、重安は小松城受け取りの兵が到着する前に逃走した。妻の弟の但馬《たじま》国豊岡《とよおか》城主杉原長房《ながふさ》は播磨《はりま》の三木《みき》城も預かっていたため、長重の妻子は三木で保護されており、長重は三木に向かった。

長房は三成方として丹後田辺《たなべ》城の攻撃に加わっていたが、北政所や妻の一族である浅野幸長《あさのよしなが》のとりなしで、本領を安堵されていた。さらに北政所は重安の身柄も家康に頼んだので、重安は所領を没収されたが生命は救われた。

重安は剃髪して妻子と三木で過ごし、茶の湯を楽しむ日々を過ごしていたが、阿波《あわ》一八万石の領主蜂須賀家政《はちすかいえまさ》に招かれた。重安は家政の依頼で徳島城表御殿庭園を作庭している。

慶長八年（一六〇三）には、重安は紀州三七万石の藩主浅野幸長から、客将として一万石で招かれた。和歌山に住んだ重安は次々と作庭し、この時に作られた粉河寺《こかわでら》の庭園は、現在では国の名勝となっている。

重安のナンバーワン志向は衰えず

慶長十九年（一六一四）の大坂冬の陣では、重安は紀州の新藩主となった浅野長《なが》晟《あきら》の下で、徳川方として出陣した。だが重安は十一段に分けられた軍勢の三番隊の指揮を任されたことに不満を持った。幸長が重安を召し抱えたのは、重安を先手とすることにあるはずだという主張であった。

冬の陣は、大坂方が善戦したことで和平に持ち込まれ、重安は出奔してしまったが、長晟の説得で戻っていた。

続く夏の陣に出陣すると、大坂方は大野治房《おおのはるふさ》が二万の軍勢を率いて和歌山を襲おうとした。長晟は五〇〇〇の兵を率いていたが、樫井《かしい》まで後退して防戦することにした。重安は殿《しんがり》になって残り、空き家に潜んで敵を待った。

この時の重安は、死闘を前にして二本の茶杓《ちゃしゃく》を作るという冷静さで、その一本には〝敵がくれ〟と名付けている。

大坂方は塙直之《ばんなおゆき》（団右衛門《だんえもん》）と岡部則綱《おかべのりつな》が戦略を無視して、猛スピードで先陣を争い、本隊と離れて浅野隊に迫ってきたので、重安は空き家を飛び出した。

激しい戦いになると敵将の岡部則綱は潰走したが、塙直之は踏み止まって重安と鎗を合わせた。小柄な重安は剛力の塙直之の脇に抱えられたが、家来たちが塙直之を馬から引きずり降ろし、重安が首を挙げたとされている。

戦後に重安は、浅野家家臣と一番鎗の争論となり、幕府に訴え出て重安の一番鎗が認定されるという、異常な執心を見せている。

大坂城が落城し、福島正則が改易されると、浅野長晟は四二万六〇〇〇石に加増されて広島城主になった。重安は浅野家の家老に登用されたが、隠居すると茶事三昧《ざんまい》の穏やかな生活を送った。

慶安三年（一六五〇）に息子の重政に先立たれると、重安は飲食を断って一ヶ月後に八八歳で餓死した。死に方も異常である。

戦いになると一番乗り、一番鎗を譲らず狂人のようになった重安は、茶の湯に没頭し「宗箇流」という流派を創設していた。古田織部に学び、千利休の影響を受けたとされる重安の茶道だが、猛将としての気質が表れていることが特徴とされている。

敵に回せば恐ろしい存在だが、味方にすればこれほど頼もしい人物はいないだろう。だが重安は軍勢を率いる戦いはできず、一番に固執した鎗働きしかできなかったようで、気前のいい秀吉からも一万石以上の評価はされていない。

現代のビジネス社会では、重安のように個人プレーは喜ばれない傾向にある。人を押し退けても功名を挙げたいという重安の性格は、現代社会の組織の中で生きていくのは難しいだろうと思われる。

日和見

岩城貞隆《いわきさだたか》

家臣に支えられて果たした執念の復活

陸奥岩城平 一二万石⇩除封⇩信濃中村 一万石

佐竹氏との縁を深めた岩城氏

陸奥国で岩城、岩崎《いわさき》、楢葉《ならは》、菊多《きくた》の四郡一二万石を領する岩城氏は、隣接する伊達氏や佐竹《さたけ》氏と姻戚関係を結びながら、巧みに領国を保っていた。

戦国時代の当主岩城親隆《ちかたか》は、伊達政宗の祖父晴宗《はるむね》の長男だが、佐竹義昭《よしあき》の娘を妻に迎えるという気遣いをしていた。

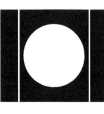

親隆が病のために狂乱すると、幼い嫡男の常隆《つねたか》は母の関係から、佐竹家当主の義重《よししげ》が後見するようになった。そうなると岩城家に佐竹家の家臣が送り込まれ、岩城氏は佐竹義重に実権を握られた。

また佐竹義重は、会津の蘆名《あしな》氏へ次男の義広《よしひろ》を養子に送り込んでおり、下総《しもうさ》国相馬《そうま》郡を本拠とする相馬氏など近隣の大名たちとも連携し、強大化する伊達政宗に対抗できる組織を作っていった。

ところが伊達政宗は凄まじい勢いで勢力を膨張させ、会津の蘆名義広に挑んでいった。天正十七年（一五八九）の摺上原《すりあげはら》の戦いで、蘆名義広が伊達政宗に敗れて実家の佐竹氏を頼って逃れたため、蘆名氏は滅んでしまった。この状況に岩城常隆は、かつて伊達氏から奪っていた田村郡を返還して政宗の軍門に降った。

だが翌年に、豊臣秀吉が二〇万の大軍で小田原の北条征伐に取りかかると、秀吉は常隆に小田原への参陣を命じた。この時、常隆は重病であったが、病を押して小田原に行ったことで岩城平《たいら》一二万石が安堵された。だが常隆は所領に帰ることができず、小田原近辺で療養中に二四歳で死去してしまった。

常隆には実子の政隆《まさたか》があったが、佐竹家を嗣いだ義重の長男義宣《よしのぶ》は、強引に弟の能《のう》化丸《けまる》を岩城家の養子として秀吉に謁見させ、岩城家当主として認められた。能化丸は元服して岩城貞隆《さだたか》を名乗った。

家臣に支えられて復活運動を展開

慶長七年（一六〇二）五月に、岩城貞隆の兄の佐竹義宣が、関ヶ原合戦で日和見《ひよりみ》を決め込んだことで、家康は常陸五四万石から奥羽秋田郡で二〇万石への転封を命じた。

この時に貞隆にも処分が下され、領地を没収されたのである。

貞隆は関ヶ原合戦前で、家康に加担するため上杉攻撃の準備をしていた。だが兄の義宣から徳川に与するなと言われて、義宣にしたがって日和見をし、形勢を傍観していたのだ。貞隆はこの処分を不本意とし、兄に挙兵を迫ったため二人は不和になった。貞隆は義宣から知行地をもらえず、完全に失領してしまった。

貞隆の家臣たちは離散したが、四二人の家臣が残った。貞隆は彼らを引き連れて江戸の浅草に住むが、生活は家臣が人夫になって働くなどで支えていた。

貞隆が幕府へ御家再興の運動を展開すると、やがて実母の仲介により義宣と和解した。義宣は貞隆に知行地を与えようとしたが、貞隆は兄の家臣になるより、独立大名としての復活を願ったので、義宣も貞隆を後押しするようになった。

再興なった岩城氏が佐竹氏を嗣ぐ

貞隆が徳川家康に再興を嘆願した結果、幕府老中の土井利勝《どいとしかつ》から内意を受け、家康の寵臣本多正信の組下で三〇〇人扶持を給されるようになった。

大坂冬の陣と夏の陣で貞隆は、本多正信にしたがって出陣した。これによって元和二年（一六一六）に、信濃国中村に一万石を与えられ、大名として復帰した。

岩城氏の大名復帰には、家康から絶大な信頼を得ていた天台宗の僧天海《てんかい》が仲介したとされる。天海は蘆名氏の出自とされ、佐竹家の義広が蘆名氏を相続していたことで、貞隆は天海を通じて嘆願したようだ。

貞隆は新領地に代官を派遣する時には、農民への心配りや民政への心得を丁寧に諭していた。だが元和六年（一六二〇）には、貞隆は江戸で死去してしまった。貞隆の嫡男吉隆《よしたか》は一二歳になっていたため相続が許され、その二年後には一万石が加増され、佐竹義宣の保護を受けるようになった。

義宣は嗣子がいないため、寛永三年（一六二六）に、吉隆を佐竹家の跡継ぎにした。そして義宣が寛永十年（一六三三）に没すると、吉隆が佐竹家本家の家督を継承したのである。

貞隆にどのような功があり、幕府にどのように仕えたかの詳細は不明だ。だが御家が消滅しても四二人の家臣が、十余年間も貞隆を支えたことからも、彼の人柄が見えてくるようだ。それにも増して「諦めない」という信念が大きかったのだろう。

現在では、突然リストラされて職を失うことも多いのだが、貞隆のように支えてくれる人がいて諦めないなら、希望する企業に再就職できることが無理でないと思われ、明かりが見えてくるようだ。

逃亡

木《きの》下《した》勝《かつ》俊《とし》

北政所の縁で大名への復活も空しく

若狭後瀬山八万石⇩除封⇩備中足守二万五〇〇〇石⇩浪人

秀吉の縁者として大名になった木下家

木下家定《いえさだ》は織田信長に仕えた杉原定利《さだとし》の子である。妹のお禰《ね》が秀吉の正室であることで、秀吉から数少ない縁者として重用され、木下姓に改姓したとされる。

秀吉から信頼を受け、天正十五年（一五八七）に播磨国の内で一万一〇〇〇石が与えられて大名になった。文禄四年（一五九四）には姫路城を預けられて二万五〇〇〇石を領するようになり、大坂城の留守居役も兼ねている。

家定には七人の男児があり、嫡男として生まれたのが勝俊で、五男が小早川家を継いだ秀秋である。

勝俊は秀吉の小姓に取り立てられ、一六歳の時に美濃国金山《かねやま》城主森可成《もりよしなり》の娘お梅を妻にした。父の家定が大名になった天正十五年（一五八七）に、勝俊は播磨国龍野《たつの》城六万石を与えられ、翌年には豊臣姓が与えられた。

勝俊は、当時随一の文化人である細川幽斎《ほそかわゆうさい》（藤孝《ふじたか》）の指導を受けて、歌道などの文芸の世界に興味を持つようになっていった。

武将としての勝俊は、小田原征伐や朝鮮出兵に参陣しているが、文禄の役で陣へ向かう旅路で記した『九州道之記』が遺されている。後に勝俊の三番目の弟の延俊《のぶとし》は細川幽斎の娘を妻としたため、木下家と細川家は親戚となっている。

文禄二年（一五九三）に、若狭国後瀬山《のちせやま》城八万石を与えられた時は、まだ勝俊は二四歳でしかなく、秀吉の威光を十分に浴びていた。だが、慶長三年（一五九八）に、秀吉が没してしまうと、勝俊の人生も暗転していった。

敵前逃亡をしてしまった勝俊

徳川家康の横暴は、前田利家が慶長四年（一五九九）に死去すると拍車をかけて増長し、翌年には石田三成ら反家康派の挙兵を誘った。

三成方は家康の重臣鳥居元忠《とりいもとただ》が守る伏見城に押し寄せ、関ヶ原合戦の前哨戦になった。勝俊の娘は家康の五男信吉《のぶよし》に嫁いでおり、勝俊は家康から伏見城松ノ丸の守備を命じられて入城していた。だが勝俊は西軍が伏見城に攻め寄せる直前に城を退去してしまったのである。

勝俊には三成から受けた恩もなく、三成方に与する理由はない。だが主君の豊臣秀頼が三成方に握られていることで、どちらにつくこともできず、苦悩の果てに戦線を離脱したとも考えられる。

だが現在では、勝俊は十代の頃から朝廷の貴族や文化人と親しく交わっており、後《ご》陽成《ようぜい》天皇が勝俊の歌を気にいって、たびたび天皇から歌を求められていた。抜きん出た歌人の勝俊を救いたいと、朝廷が工作したという考えが有力である。

連歌師の里村昌叱《さとむらしょうしつ》が、西軍の許可を得て伏見城に入り、勝俊に歌道で生きるように説得したとされている。

勝俊の文芸の師である細川幽斎も、居城の丹後国田辺城を西軍に包囲されて落城寸前だったが、朝廷による救出工作で救われていた。細川家は幽斎も息子の忠興も、家康方で戦ったことで加増された。

戦うことをしなかった勝俊の領地は没収され、夫の敵前逃亡に激怒した妻のお梅から離縁されている。鳥居元忠は伏見城で一八〇〇の兵とともに壮絶な最期を遂げており、戦場から逃走し、北政所であるお禰に庇護を受けていた勝俊が、武将として評価されないのは仕方がない。

関ヶ原合戦では、勝俊の父家定は東西どちらにも与せず、京都で妹の北政所を守護していた。戦後には、姫路城から備中足守《あしもり》二万五〇〇〇石に領地替えとなっている。勝俊のすぐ下の弟の利房《としふさ》は、若狭《わかさ》国高浜《たかはま》二万石を領していたが、西軍に加担したため領地を没収された。

勝俊の三弟延俊は摂津国に五〇〇石程度の領地しか持たなかったが、妻の実家の細川家の影響から東軍に加担した。父に代わって姫路城を守ったことで、戦後は豊後国日出《ひじ》に三万石を与えられている。小早川家を継いだ秀秋は、関ヶ原合戦で家康に勝利をもたらした功績は大きく、筑前名島《なじま》三五万七〇〇〇石から備前と美作《みまさか》の五五万石を領する大大名になった。

家康の怒りを買い歌人として生きる

勝俊が御家再興の運動を展開するなら、家臣たちの協力がなければ難しいだろうが、勝俊の家臣たちは、伏見城を退去した主人にあきれて離散していた。

勝俊は唐の詩人の王維《おうい》の詩から取って長嘯子《ちょうしょうし》と名乗り、王維が竹林館《ちくりんかん》という別荘を営んで隠棲したことに倣《なら》って、歌の道に生きる決意をしたようだ。

長嘯というのは、口をすぼめて声を長く引いて詩を吟ずることのようで、勝俊は東山に「挙白堂《きょはくどう》」という山荘を作り、所蔵する勅撰集や歌集など膨大な書を収めて隠棲した。と言っても人里離れた山中ではなく、慶長十年（一六〇五）に北政所が実母の菩提を弔うために建立した高台寺《こうだいじ》の南隣とされるので、現在での町中である。

勝俊は北政所の支援を受け、自然と親しみながら、貴族たちを招いて歌会を催すなど気ままな生活を送っていた。

勝俊の心の安らぎを揺るがす問題は、慶長十三年（一六〇八）に、父の家定が死去したことで起こった。家康は家定の遺領足守二万五〇〇〇石を、関ヶ原合戦で失領した勝俊と利房に与えるようにと、北政所に指示した。

ところが北政所は、日頃から可愛がっている勝俊のみに、足守の所領を与える打診をした。勝俊に俗気が残っていたようで、これを受ける気になり、お礼を述べるため駿府の家康と江戸の秀忠のもとに向かった。

北政所の独断を知った家康は「北政所は呆《ぼ》けてしまったのではないか」と怒りながらあきれ、勝俊の大名への復帰を認めず、領地は幕府が没収してしまった。結果として利房も大名に復帰できないでいた。責任を感じた北政所は、勝俊に自分の隠居領のうちから二〇〇石を与えて援助を続けた。

その後の大坂の陣で、利房は徳川方として参戦したことで、父の遺領である足守領の継承が認められ、大名に復活できた。勝俊は家康の強権によって、やっと俗気を捨てることができたようで、大坂の陣に参戦せず、歌人としての生活を続けていた。

三代将軍家光も勝俊の歌を好んでおり、家光の乳母として権勢を誇った春日局《かすがのつぼね》や仙台藩主の伊達政宗などとも交流があった。

だが、北政所はじめ、勝俊の生活を支援した人たちが次々と没していくと、勝俊の生活は苦しくなったようだ。東山の山荘を手放すなどして大原野《おおはらの》の勝持寺《しょうじじ》の畔《ほとり》に移住し、慶安二年（一六四九）に死去した。

芸術家には、生活一切の面倒を見てくれるパトロンが必要で、生活に追われながらでは、伸び伸びとした作品は生まれないとされる。

勝俊が父の死により、大名への復帰を望んで俗気を見せたのは、晩年の生活からも隠棲生活が経済的に苦しかったのだろう。風流に生きるということには、生活の裏付けがなければ成り立たないことがわかる。

現在でも、定年後には悠々自適の年金生活をと夢見る人も多いが、現実には年金だけの生活は苦しく、アルバイトをしているという話をよく聞く。趣味で生きていくことの難しさは昔も今も同じなのだろう。

西軍

来島《くるしま》康親《やすちか》

水軍大将の復活も福島正則を頼り苦労

伊予風早 一万四〇〇〇石⇩除封⇩豊後森 一万四〇〇〇石

瀬戸内水軍から大名になり西軍へ

来島氏は瀬戸内海の村上水軍の中心勢力の一つである。天文二十四年（一五五五）に、毛利元就《もとなり》が陶晴賢《すえはるかた》と対決した厳島《いつくしま》の戦いでは、毛利方の勝利に貢献した。

村上水軍は四国伊予《いよ》国の守護大名の河野《こうの》氏に属して重用されていたが、代々毛利一族と婚姻を重ねており、厳島の戦い以降は毛利氏に属するようになって、毛利水軍の一翼を担うようになった。

天正九年（一五八一）に、来島氏の当主通総《みちふさ》は織田信長の支配下になり、毛利氏や河野氏、村上水軍の拠点を襲いはじめた。だが毛利水軍が大軍で来島を攻撃したため、通総は逃走して羽柴秀吉の庇護を受けるようになった。

やがて秀吉と毛利氏が和睦したことで、通総は来島に帰ることができ、秀吉の四国

征伐での働きが認められ、一万四〇〇〇石が与えられて大名になった。朝鮮出兵で通総が戦死すると、通総の嫡男康親が一七歳で家督を嗣ぎ、福島正則の養女を妻とした。

慶長五年（一六〇〇）の関ヶ原の戦いでは、来島氏は毛利氏との関係から西軍に属した。毛利軍に属した河野氏は旧領を回復するため伊予に上陸し、東軍方の加藤嘉明《かとうよしあき》の松前城を攻めた。加藤嘉明は会津攻めに加わっていたが、毛利方は留守を守る加藤勢に打ち破られ、来島水軍が敗兵を収容して撤退した。

福島正則を頼り家を再興するが苦労も続く

来島康親は、関ヶ原合戦の直前に大坂の木津川《きづがわ》河口を警備していたが、叔父の彦《ひこ》右衛門《えもん》が桑名《くわな》から関ヶ原に向かい、南宮山《なんぐうさん》山麓の安国寺恵瓊《あんこくじえけい》の陣に行くと、恵瓊は悲観的な見通しを語った。さらに彦右衛門は、康親の祖父通康《みちやす》の娘の子で康親とは従兄《いと》弟《こ》という関係の毛利秀元《ひでもと》の陣を訪ねると、秀元から「味方が敗北するだろう。その覚悟をしておくべきだ」と言われている。

関ヶ原合戦は、安国寺恵瓊と毛利秀元が予測したように西軍が完敗した。大坂の康親は、家康方で抜群の軍功があった舅の福島正則の屋敷に駆け込んで、二本の旗を借りた。一本は屋敷の門前に掲げ、正則の威光で東軍からの乱暴狼藉を防ぎ、もう一本は伊勢に潜んでいた彦右衛門の船に掲げて、危機を脱した。

康親が福島正則に庇護を求めると、国許の伊予で謹慎することを勧められるが、正則からの口添えをもらい、井伊直政《いいなおまさ》を通じて家康へのとりなしを頼むために佐和山に向かった。しかし直政は関ヶ原で島津隊から受けた傷が癒えず、対面はならなかった。

康親は大坂に帰って正則に保護され、家康の寵臣本多正信を頼って御家再興の運動を展開した。旧知の伏見商人源左衛門《げんざえもん》の協力もあり、慶長六年（一六〇一）に、幕府から豊後国の森に一万四〇〇〇石を与えられた。

所領を没収された時に家臣は散っており、康親に問題があったのか、来島家を支えた叔父の彦右衛門は福島家に仕えていた。旧臣に呼び掛けたが満足に集まらず苦労しながら形を整えた。慶長十七年（一六一二）に康親の病没後、福島正則が失脚し、家督を継いだ通春《みちはる》は姓を久留島と改めるなどの苦心をしている。

どのような仕事に就いていても、人間関係を無視することはできない。どれほど広く付き合っているかということも大事だが、有力者と深く繋がっていることも重要だろう。康親は福島正則という有力者との深い関わりを利用して、御家を再興することができた。しかし、その正則が幕府から敵対者と見なされると、一転して苦境に陥り、家の安泰を求めるために、涙ぐましい努力をせねばならなかった。

西軍

織田《おだ》信雄《のぶかつ》

秀吉に抵抗し失領するも家康に救われる

南尾張・伊賀など一〇〇万石⇩除封⇩大和国内一万八〇〇〇石⇩大和・上野国内で五万石

信長次男の自負で失領する信雄

織田信雄は信長の次男である。信長の伊勢侵攻で北畠《きたばたけ》氏の養子となり、北畠氏を継いだ。父の信長が明智光秀に襲われて横死すると、信長家臣の羽柴秀吉が光秀を討った。山崎の戦いで光秀が敗退したと知った明智方は、安土城を焼かずに退去していったが、信雄は理由もなく安土城を焼き払わせた。ポルトガルの宣教師フロイスは「敵が存続を許した豪華な建物を、知恵が劣った信雄が焼いた」と記している。

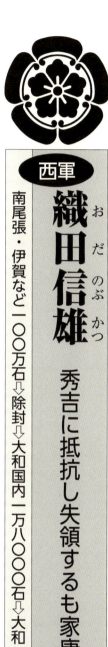

信雄は織田家後継者を目論んだが、秀吉は織田家を信長嫡孫の三法師に継がせ、信雄は三法師の後見役になり、尾張、伊賀、南伊勢などで一〇〇万石を領した。

間もなく、信雄は家臣が秀吉に懐柔されたとして罰し、徳川家康と同盟を結んで秀吉に敵対した。徳川軍は小牧長久手の戦いの局地戦で秀吉軍に勝利したが、信雄の所領は秀吉勢の侵攻を受け、家康に無断で伊賀と伊勢を割譲する条件で秀吉と講和した。

天正十八年（一五九〇）、秀吉は小田原征伐後に家康を北条氏の旧領に移した。この時、秀吉は信雄に後ろめたさを感じていたのか、信雄に家康領であった三河、遠江、駿河、甲斐、信濃への移封を内示した。ところが信雄は、信長次男という自負があり、秀吉の主筋という意識からこれを拒否した。

秀吉は「我は卿《けい》を右府（信長）の子なるを以て、厚く封じようとしたが、これを薄しとするか」と激怒し、信雄の所領を剝脱して、常陸の佐竹氏に預けた。生命の危険を感じた信雄は下野《しもつけ》の烏山《からすやま》に逃れ、剃髪して常真《じょうしん》と号して各地を転々とした。

秀吉へ怨みの思いを貫いた信雄

家康は信雄に、朝鮮出兵で名護屋《なごや》に滞陣する秀吉を訪ねるように助言した。秀吉は僧体の信雄を哀れに思ったのか、罪を許して相伴衆とし、大和国内で一万八〇〇〇石を与え、嫡子の秀雄《ひでかつ》にも越前大野五万石を与えた。

信雄は秀吉が没すると家康に近づき、関ヶ原合戦では石田三成に加担を約束し、軍資金を受け取ったとされるが、大坂天満の屋敷を動かず、家康に西軍の情報を流していた。子の秀雄は前田利長の大聖寺城攻めに加わっていたが、その後は西軍に与したため、信雄と秀雄の父子は所領を没収されてしまった。

大坂の秀吉の側室淀殿《よどどの》は、従兄妹である信雄を招いて厚遇し、秀頼は扶持米を与えた。大坂の陣の直前になると、信長の末弟織田長益《ながます》（有楽斎《うらくさい》）の子頼長《よりなが》から総大将に推され、信雄も旧臣を集めて入城すると約束したが、家康からの使者を受けると、逃げるように上洛して家康と面会し、大坂城内の配備や大名の動向など、信雄が知り得た情報や機密を告げていた。

大坂方には、許し難い利敵行為だが、信雄は「われ豊氏に苦しみ、徳川氏わがために義戦し、もって難を除くを得たり。関ヶ原の役に恩を忘れて賊に党し……」としたとされる。信雄は、若い頃から思慮が足りないとされていたが、信長の次男という貴種のため、周囲は粗略にはしなかった。だが秀吉に政権を簒奪されたと思い込んで恨み、秀吉に伏しながらも意趣返しを考えるという性格であったのだ。

大坂冬の陣では京都の竜安寺《りょうあんじ》で戦局を見守り、夏の陣で豊臣氏が滅ぶと、信雄は家康と面会した。この時、家康は信雄を秀忠の後見役とし二〇万石を与えようとした。だが信雄は「気ままに暮らしたい」と断った。家康が大和と上野国内で五万石を与えると、信雄は家康の温情に感謝してそれを受けた。信雄の血筋は出羽国天童《てんどう》藩、丹波国柏原《かいばら》藩として、江戸期を生き残った。

西軍

宗義智《そうよしとし》

家康は朝鮮との国交回復に必要な義智を許す

対馬府中 一万石⇩本領安堵⇩ 一〇万石格

朝鮮出兵で舅の小西行長と偽装工作

宗氏は鎌倉時代に対馬《つしま》に派遣された地方行政官であったが、対馬で最大勢力の阿比《あび》留《る》氏を滅ぼして対馬を手中にした。文永十一年(一二七四)の元寇(文永の役)では、宗助国《すけくに》が八〇騎を率いて立ち向かい討死している。室町時代中頃までは対馬守護代とされていたが、やがて守護になると朝鮮貿易を独占していった。

義智の所領対馬は耕地が少なく、戦国時代には九州本土進出を狙うが、毛利氏や九州諸勢力に阻まれ難航しながら、肥前田代に一万二八〇〇石の所領を獲得していた。

宗氏二十代当主義智は、秀吉の九州征伐の時に対馬一国を安堵されたが、秀吉から李氏朝鮮を服属させ、明征服の先導をさせるようにという命を受けた。義智と小西行長は、朝鮮貿易を通じて親しい間柄であったが、天正十八年(一五九〇)には義智は行長の娘妙（洗礼名マリア）を正室としている。義智は舅の行長らと朝鮮との交渉に尽力するが、朝鮮は建国以来明の冊封国であり、思うようには進むわけがない。

朝鮮に秀吉の全国統一に対する祝賀使節の派遣をさせ、これを秀吉に服属した使節として謁見させた。これを信じた秀吉は朝鮮出兵を命じたので、秀吉が朝鮮に明への先導を命じたことを、朝鮮には明への道を貸すようにと偽って要請したが拒否された。最初のつまらぬ偽装工作が、次々と偽装をせねばならなくなって、収拾が付かなくなった。義智と行長は朝鮮各地を転戦し、明と朝鮮との交渉にも当たったが、秀吉に偽装工作が知られるようになり行長は死を命じられる場面もあった。

慶長三年（一五九八）八月に秀吉が死去すると、小西と義智は帰国命令を受けた。だが松浦《まつら》、有馬《ありま》らの五隊が順天城を包囲されて動けないため、島津義弘や立花宗茂らとともに水軍を編制して順天城を救援し、無事脱出に成功させている。

朝鮮との国交再開交渉でさらなる偽装工作

義智が帰国すると、行長の盟友石田三成が家康打倒の兵を挙げた。義智は行長が加担する西軍に与し、伏見城攻撃に参加した。大津城攻めや関ヶ原合戦には、西軍に家臣を送り込んだが、義智自身は加わらなかった。

関ヶ原合戦で西軍はあっけなく敗れ、義智は行長の娘である妻を離縁したが厳罰を覚悟した。ところが家康は義智の対馬府中一万石の本領を安堵した。家康は悪化した朝鮮との国交を迅速に修復したく、そのためには義智が必要だったのである。

宗氏の経済的基盤は対朝鮮貿易で成り立っているため、義智も朝鮮との国交正常化を望んでおり、朝鮮から日本に連れてこられた捕虜を送還した。だが朝鮮側から王陵を荒らした犯人を差し出せと言われると、領内の罪人を水銀によって喉を潰し、喋れなくして差し出すということもしている。

国交再開の交渉で朝鮮から、まずは徳川政権から国書を差し出せと言われ、幕府に国交を乞わせるのは不可能と思った義智は、幕府の国書を偽造して朝鮮側に差し出した。もう偽装工作は義智のお家芸になり、朝鮮からの返書も改竄して幕府に差し出した。その後の交渉も義智が偽装と改竄をした国書が両国を行き交ったが、慶長十四年（一六〇九）には、朝鮮との和平条約を成立させることができた。義智は宗家にしかできない朝鮮国との交渉を利用して、一〇万石格の国主格大名の家格とされた。

この偽装工作の顚末は、後の寛永八年（一六三一）に、家老の柳川調興《やながわしげおき》が藩主の義成《よしなり》と対立した時に、柳川が幕府に訴え出て知られるようになった。だが将軍家光は下克上を嫌って柳川を罰し、宗家は無罪とされた。

第三章

敗者体験をバネにできた者、できなかった者

関ヶ原合戦で西軍の前線基地となった大垣城（再建）

西軍

毛利輝元《もうりてるもと》

安芸広島一二〇万五〇〇〇石⇩長門萩三六万九〇〇〇石

甘い決断力で大坂城を放棄した西軍総帥

三成派は輝元を西軍総帥に擁立した

毛利輝元は、父の隆元《たかもと》が早世したため一一歳で家督を継いだ。毛利家を中国地方の覇者とした祖父の元就《もとなり》が幼い輝元を助けていたが、元就も元亀二年（一五七一）に死去すると小早川《こばやかわ》と吉川《きっかわ》の毛利両川《もうりりょうせん》の補佐を受け、九州にも勢力を拡大させた。織田信長《おだのぶなが》が羽柴秀吉《はしばひでよし》を派遣して毛利領に侵攻したが、本能寺の変で信長が横死すると、毛利家は秀吉を天下人と見定めて臣従するようになった。豊臣《とよとみ》政権の中で安芸中納言として大老に列し、豊臣秀吉死去の際には、遺児の秀頼《ひでより》の補佐を託されていた。

慶長四年（一五九九）前田利家《まえだとしいえ》が死去した直後に、徳川家康《とくがわいえやす》と輝元は起請文を交わしているが、そこに家康は「兄弟の如く申すべく承り候」としているのに対して、輝元は家康を「父兄の思いをなし」と一歩退いて、恭順した形のものにしていた。

慶長五年（一六〇〇）に、家康と石田三成《いしだみつなり》の対立が武力闘争に発展すると、三成は大谷吉継《おおたによしつぐ》の進言にしたがって総大将には就かず、毛利輝元の総帥擁立に動いた。

三成の意を受けた安国寺恵瓊《あんこくじえけい》は、七月十四日に大坂で吉川広家《ひろいえ》や毛利家家老と会談し、「このままでは会津の上杉景勝《うえすぎかげかつ》は家康が率いる大軍に討ち果たされるであろう。会津の上杉が守っているうちに上方で挙兵せねば、毛利家は家康の臣下にされてしまいますぞ」と反徳川の意思を明らかにして挙兵を促した。

これに対して、終始悲観的な吉川広家は、西軍は家康が率いる東軍に負けるに違いないと思い込んでおり、家康方に加勢するよう主張して恵瓊と激論を闘わせた。ところが恵瓊は、すでに輝元の許に西軍総帥として出馬するように使者を送っており、輝元は大坂で恵瓊と広家が口論している間に船で広島を発し、十六日には大坂の毛利屋敷に入ったのである。

毛利輝元は大坂城の家康の留守部隊を追い出し、西軍の総帥として秀頼を擁し、宇喜多秀家《うきたひでいえ》と連名で諸大名に向けて打倒家康の檄《げき》を飛ばした。毛利家には「天下をのぞむな」という元就の遺訓があり、輝元には豊臣政権を簒奪《さんだつ》する野心はないだろう。だが四国や九州を支配下に置こうとしており、各地へ積極的に兵を送っている。

広家は毛利老臣の福原広俊《ふくはらひろとし》と図って、恵瓊や輝元には内密にして黒田長政《くろだながまさ》を通じて家康に内通し、毛利家の安泰という密約を取り付けた。やがて広家は、輝元に家康との密約を打ち明けたが、輝元は決断を引き延ばしていた。

また吉川広家は、恵瓊や三成を安心させようとしたのか、安濃津《あのつ》城攻略戦では主力として奮戦し、家康に仲介する長政を慌てさせていた。

黒田長政は輝元からの誓詞が送られてこないことで、広家に「どうなっているのだ。戦いが始まれば、毛利を救う方策はなくなるぞ」と急き立てたため、広家は独断で東軍と密約し、関ヶ原本戦前日の九月十四日には、長政に二人の重臣を人質として送り、毛利の戦闘不参加を誓う書状を送った。

広家は輝元に大坂を動くなとしたに違いなく、輝元の毛利本隊は関ヶ原の決戦の場に現れなかった。広家も関ヶ原から離れた南宮山《なんぐうさん》から動かず、吉川隊の後方ではやり立つ毛利秀元《ひでもと》には、福原広俊が密約を打ち明けて抑え、毛利軍は戦闘に参加せず家康方を勝利に導いていた。

毛利家主従は家康の策謀に嵌っていた

関ヶ原合戦の後に、広家は徳川方と独断で密約を交わしたことを輝元に打ち明けると、すでに関ヶ原の西軍は壊滅しており、輝元は広家の裏工作を受け入れた。

毛利輝元が豊臣秀頼を擁立し、全力を挙げて関ヶ原合戦を戦えば、西軍は勝利しただろう。また西軍は関ヶ原で敗れた後でも、輝元が大坂城での籠城を決断すれば、西国の大名も加わって形勢はどうなるかわからない。家康はそれを恐れていたのだ。

毛利秀元が大坂城に籠もって一戦も辞さずの構えを見せ、その上で徳川方と交渉すべきとしたが、家康が輝元に国許での謹慎を求めたことで大坂城から退去した。

輝元を大坂城から追い出した家康は、大坂城内で輝元の花押《かおう》がある回状など、積極的に三成の企てに関与した証拠を発見したと言い立てた。だがそれらは諸大名がもらっており、探さずとも出てくるものだ。

そして家康は、毛利家の所領を没収し、吉川広家に周防《すおう》と長門《ながと》の二ヶ国を与えるとした。慌てた吉川広家は、必死になって輝元父子の助命と毛利家の所領安堵を訴えた。家康から輝元父子の身命を保証し、広家に与えるとした二ヶ国を毛利家に与える誓詞が渡され、輝元も了解するしかなかった。広家が黒田長政に内応の工作を申し出た時から、家康の方針は決定していたようだ。広家も家康の罠《わな》に嵌《はま》っていたのだ。

毛利家では、広家が本当に主家を救ったのかが問題になった。広家はいたずらに家康を恐れて毛利家の所領を減らしたと、非難が集中したのは当然である。

毛利家は領内を分割して長府《ちょうふ》、徳山《とくやま》などの支藩を置いたが、広家の吉川家は毛利家の家臣としてあつかい、岩国《いわくに》で三万五〇〇〇石を与え、東から攻めてくる敵があれば、本家や一門の盾となるように求めた。だが幕府は広家に岩国の築城を許し、大名としてあつかうことで報いた。

騙されるのはお人好しとされるが、それは個人の場合である。西軍の総帥となりながら、家康の腹も読めずまんまと嵌められた輝元が、所領削減という屈辱をバネにできたかは疑問である。

関ヶ原合戦後に、輝元は剃髪して嫡男の秀就《ひでなり》に家督を譲った。しかし、輝元は法体のまま藩のトップの座に君臨した。慶長十九年（一六一四）の大坂冬の陣では、秀頼に対する思いが残っていたのか、重臣の内藤元盛《ないとうもともり》を〝佐野道可《さのどうか》〟と変名させ、密かに大坂城に送り込んだ。

毛利氏を疑った家康は、夏の陣では出陣命令を出さなかった。だが秀元が本隊に先駆けて豊臣軍と戦ったことが、家康から認められた。

佐野道可を大坂城に送ったことが幕府に知られると、輝元は佐野の子らを自害に追い込み、口封じをするという悪辣なことをしている。

経営者にとって一番大切なことは決断力とされる。経営には瞬時に決断せねばならないことが連続するものである。決断力がない輝元に企業の経営は委ねられない。

西軍

島《しま》津《づ》義《よし》弘《ひろ》

薩摩鹿児島五五万九〇〇〇石⇩安堵

壮絶な退却戦で釈明を認めさせた猛将

三成に失望した義弘は西軍で戦おうとしなかった

関ヶ原合戦での島津義弘は六六歳の老将だが、朝鮮出兵では泗川《しせん》城で明軍二〇万に囲まれながら、七〇〇〇の兵を率いて打って出て三万八七一七の首を取った。明の史書に「鬼子曼子《グイシーマンズ》勢は強悍にして勁敵《けいてき》と称す」と評されるほど豪胆な猛将である。

島津家内で伊集院忠棟《いじゅういんただむね》の子忠真《ただざね》が反乱した時に、徳川家康が仲介してくれたことから、義弘は家康に親近感を持って交際していた。家康も義弘を信頼し、上杉征伐で会津に向かうにあたり、石田三成が挙兵すると予測して伏見城の守備を頼んでいた。

島津家は秀吉の九州征伐で降伏し、大きく勢力を削がれる覚悟をしたが寛大な処置をされ、三成の検地を受けて領国経営を指導されており、三成に恩義もあった。だが三成が挙兵すると、義弘は家康との約束に応えるため伏見城に駆け付けた。

ところが家康が伏見城の守将とした鳥居元忠《とりいもとただ》から、義弘は入城を拒否されてしまい、仕方なく三成方に与して伏見城を攻め、次いで織田秀信《おだひでのぶ》の岐阜城を加勢したが、家康方の先鋒隊が岐阜城を攻め落とすと、三成は味方を大垣へ撤収させた。

この時、墨俣《すのまた》を守る義弘の甥豊久《とよひさ》が、取り残される危険性があった。義弘は「豊久を見捨てるのか」と三成に抗議したが聞き入れられなかった。結果的に豊久は墨俣から脱出できたが、義弘は三成の将器を疑い、大垣城門に迎えに出た三成を無視した。

関ヶ原合戦の前日に、西軍主力は大垣城に集結し、東軍は赤坂に陣し、江戸から着陣した家康は岡山に陣を置いた。ここで三成は動揺する西軍の士気を高めるため、家臣の島清興《しまきよおき》(左近)に東軍を挑発する小競り合いに勝利した。義弘はこの期を逃さず「敵が着陣したばかりで疲れており、ただちに夜襲をかけるべきだ」と三成に説き、小西《こにし》行長《ゆきなが》らの諸将も賛同したが、三成だけが受け入れず、家康方の田中吉政《たなかよしまさ》の内応により戦いには勝てるとした。義弘はこうした三成の下で戦う意志を喪失してしまった。

義弘の手勢は少なく、国許の薩摩に増援を要請していたが、九州征伐後に島津家当主の座を義弘に譲っていた兄の義久《よしひさ》は、国許安定のために兵を送ってこなかった。それでも義弘家臣の中馬大蔵《ちゅうまんおおくら》ら薩摩隼人は、国許から鎧櫃《よろいびつ》を背負って山陽道を駈け付けて義弘の許に参集してきたので、一五〇〇人ほどの軍勢になっていた。

福島も家康も手を出さない義弘の壮絶な敵中突破

気配りの足りない三成だが、勇猛で知られる島津隊にかける期待は大きく、関ヶ原では石田隊と小西隊に挟まれた、激戦になる重要な陣所を与えていた。戦闘が始まり、島津隊の周囲の石田、小西、宇喜多、大谷の各隊は、必死に東軍と戦っているが、義弘の率いる島津隊は仕掛けてきた敵をあしらうが、積極的に戦おうとはしなかった。

兵が敵の銃弾に倒れても攻撃を仕掛けず静寂を守る。異様な島津隊に三成は、家臣の八十島助左衛門《やそじますけざえもん》を二度も遣わして戦闘を促したが、島津兵に追い帰されていた。ついには三成自身が島津の陣に赴いて助力を求めたが、豊久が「めいめいで戦えばいい。どちらが勝とうが知ったことではない」として取り合わなかった。

間もなく小早川秀秋《こばやかわひであき》の裏切りで西軍は総崩れになり、西軍の兵が島津の陣中に逃げ込もうとしたが、義弘はこれを追い払わせた。西軍の将兵は背後の伊吹山に逃げ、西軍の陣地に島津隊だけが置き去りになっていた。

教養の深い義弘は「亡地に投じて然る後に存し、死地に陥れて然る後に生く（軍を滅亡の状況に置いてはじめて滅亡を免れ、死の状況に陥れてはじめて生き延びる）」という孫子の兵法を思ったかもしれない。「死なんと思えば必ずできるものだ」と兵を励まし、敵陣に向かって行動したのである。

義弘は島津隊と気付かれないように旗を捨てさせ、一〇〇〇人ほどになった兵を一丸とさせると、前面の福島隊は手を出さずに傍観し、家康の本陣前をかすめて通過していった。この時に義弘は、川上四郎兵衛《かわかみしろべえ》を家康の陣に遣わして「この度、黙《もだ》しがたく、図らずも出陣いたし、日頃の御懇意を忘れたようなことは本意に背いたことでした。ただいま御陣頭を通るにつき使者を以て申し上げます。委細は重ねて国許より申し上げます」と伝えさせた。

家康の旗本から島津を討てという声が上がったが、家康は「この敗軍の中で備えを乱さず退く敵を討ち留めんとすれば、味方の士卒を多く殺すことになる」と、島津隊を見逃し窮鼠《きゅうそ》に咬《か》まれることを避けた。

島津隊は追ってきた井伊直政《いいなおまさ》を「捨てかまり」という戦法で鉄砲で狙い撃たせ、義弘は豊久や家老の阿多盛淳《あたもりあつ》が、身代わりになって討ち死する間に戦場を逃げ切った。

粘り強い交渉で本領安堵を勝ち取った義弘

義弘の島津隊が、落ち武者狩りと餓えに襲われながらも、大坂に辿り着いた時には一〇〇人にも満たない数になっており、西軍最大の被害率を出していたのである。

大坂で義弘の夫人たちを救出して船で薩摩に向かい、九州までは立花宗茂《たちばなむねしげ》の船と同行した。宗茂と別れた後に黒田家の番船に遭遇し、捕らえられた家臣もいたが、義弘自身は無事に薩摩に帰った。兄の義久は「大敵の包囲を打ち破り、無事生還し、あまつさえ人質女子を連れ帰るその勇武智略は、凡将のおよぶところでない」と絶賛した。

島津家は家康に恭順する意志を示しながら、防備を強化した。家康の命で交渉役を務める黒田長政に「秀頼様に誓詞を奉っていたため、君臣の道に背くことができず西軍に加担したが、三成らの企みとは関係がない」と弁明した。立花宗茂も情のこもった説得をしたが、義弘は家康から上洛を促されても動かなかった。

義弘には伏見城に入れなかったことや、関ヶ原で家康に刃向かっていないという言い分がある。さらに西軍に与したが関ヶ原で戦っていない長宗我部盛親《ちょうそかべもりちか》や立花宗茂らは領地を奪われ、毛利輝元や上杉景勝が大幅に領土を削られるのを見て、安易に上洛するのは危険としていたのだ。

本多正信《ほんだまさのぶ》が身命と領土安堵の起請文を出しても義弘は動かず、慶長七年（一六〇二）五月、家康自身が書いた起請文を受け上洛を厳命されたが、それでも義弘は腰を上げず、十二月に島津家を嗣いだ義弘の三男忠恒《ただつね》が伏見で家康に謁見した。島津家は関ヶ原の敗将でありながら、粘り強い交渉の末に本領を安堵される異例の処置を受けた。

だが島津家中では、関ヶ原での屈辱を忘れてはいなかった。

若い薩摩隼人たちが連れ立って、関ヶ原から生還した中馬大蔵などの屋敷を訪れて、往時の苦労話を聞くことで、戦場の知識を積んでいった。中馬大蔵は「そもそも関ヶ原は……」という言葉を発しただけで、あとは言葉にならず涙を流した。それだけで薩摩隼人たちは苦労を理解し、納得したという。

また島津義弘が奇跡的な生還をした関ヶ原の戦いが、旧暦九月十五日であったことから、甲冑に身を固めた鹿児島城下の武士たちが、往時の苦難を偲ぶため、義弘を祀る伊集院の妙円寺（徳重神社）までの、片道五里（約二〇キロメートル）の道程を夜を徹して歩き参拝するようになった。この習わしは現在も続き、三歳の幼児と言えども泣き声を出してはいけないとされている。

徳川幕府は薩摩藩を仮想敵としていた。薩摩藩は徳川政権の約二六〇年を雌伏していたが、明治維新で幕府を崩壊させている。薩摩に愚主はなしと言われるが、関ヶ原の屈辱を記憶の中に残したのも、明治維新をリードしたのも家臣団であった。

あるプロ野球選手が「悔しさを忘れてはいけない。悔しさを引きずったほうが、絶対にバネになる」と言っているが、スポーツの世界だけでなく、「一丸になって死地を脱する」ということは、一般社会でも適用されるに違いないだろう。

西軍

上《うえ》杉《すぎ》景《かげ》勝《かつ》

陸奥会津一二〇万石⇩出羽米沢三〇万石

武将の筋を通し家康との対決を構想する

秀吉から異例の厚遇を受けた景勝の臣兼続

上杉謙信《けんしん》は義に厚く、戦いには天才的な能力を発揮して北越の大半を領有し、織田信長を恐れさせていた。子のない謙信は姉の子の景勝を養子にしていたが、一時は敵対した北条家からも養子を迎え、自分の名である景虎《かげとら》の名を与えていた。

天正六年（一五七八）に謙信が没すると、景勝と景虎は上杉家の跡目を争ったが景勝が勝利した。その間に上杉領は織田軍によって侵食されており、景勝も織田との決戦で華々しい最期を覚悟したが、信長の急死によって救われた。

羽柴秀吉が信長の天下統一事業を継承すると、景勝は如何なる勢力にも臣従しないという謙信以来の伝統を捨て、秀吉と好《よしみ》を通じるようになった。

賤《しず》ヶ岳《たけ》の戦いや小牧長久手《こまきながくて》の戦いなどで、秀吉は景勝に北方からの攪乱を指示したが、上杉勢は秀吉が期待するような動きはしなかった。秀吉の取次役の石田三成と景勝の家臣直江兼続《なおえかねつぐ》が、両者の折衝にあたったことで二人は交流するようになり、三成が秀吉へ執り成したことで救われ、三成と兼続は深い信頼関係を醸成させていった。

天正十四年（一五八六）に、景勝と兼続は上洛して正式に秀吉傘下となった。秀吉の後ろ盾を得たことで景勝は越後を統一し、佐渡と出羽庄内三郡を併せて九〇万石を領有するようになった。

景勝は兼続を信任して民政も軍政も一任しているが、秀吉も兼続を破格にあつかった。秀吉は大名家の家臣を厚遇して大名家を取り込んだが、陪臣の兼続に豊臣姓を許し、景勝に蒲生氏郷《がもううじさと》の旧領会津一二〇万石を与えると、兼続には上杉の所領のうちで米沢三〇万石を与えるように命じている。

慶長二年（一五九七）に、大老の一人小早川隆景が死去したため、景勝が五大老の一人に任じられたが、翌年八月に秀吉が死去してしまった。

幼い秀頼が豊臣政権の後継者として残されたが、大老筆頭の徳川家康は秀吉の遺言を無視して伏見城から大坂城西の丸に入り、天下を狙う魂胆を露わにした。

景勝と兼続は家康との対決を決意する

景勝が会津への転封を命じられたのは秀吉の死の直前で、政権の中枢にいた景勝は新領地に赴くことができなかった。そこへ家康から会津に帰国することを許された。家康は大老の各個撃破を狙っており、景勝に帰国を勧めて大坂から追い出し、政権中枢から遠ざける策を企てた。

景勝も新領地に行きたい願望が強く、家康の許しが出たことで会津に向かった。新領地に入った景勝は、諸城の修築や道路、橋梁の整備をし、浪人を召し抱えて領国整備に力を注いだ。

この時、景勝と兼続は三成との関係もあり、豊臣政権を独断する家康への反抗を決意し、主立《おもだ》った家臣に意志を伝えた。だが藤田信吉《ふじたのぶよし》と栗田刑部《くりたぎょうぶ》ら重臣が「三成に与するのは愚かなことだ。家康と和睦して御家安泰をはかるべきだ」と反対した。

上杉家中は両派に分かれて紛糾し、兼続は藤田と栗田に刺客を送って混乱に終止符を打とうとした。刺客は栗田を討ったが、藤田は出奔して家康を頼った。

家康は、上杉の旧領越後に入った堀秀治《ほりひではる》から、景勝が越後で土民たちを煽動して一揆を起こさせる工作をしているという報告を受けていた。景勝も越後を去るにあたり、年貢の半分を持ち去っており、堀は上杉の内情を探って景勝に不利になる情報を集めていたのである。

慶長五年（一六〇〇）四月に、景勝は家康からの召還命令を受け、上洛して諸城の修築などの申し開きをするように求められた。

この時に家康の使者が持ち帰った上杉からの返書は、家康に表裏があるとした「直江状」と言われ、写本が多く残るが偽作を疑われている。だが兼続と景勝の正式な返書でも、自らの行動の正当性を主張し家康の非を謳っていたに違いない。

景勝は上杉家重臣たちに「第一に家中の無力。第二に領分仕置きのために、秋まで上洛を待ってほしいと奉行衆に返答した。だが重ねて讒言《ざんげん》があったために、家康は上洛しなければ軍勢を差し向けると言ってきた。景勝は逆心など抱いていないので、領国整備を抛《なげう》ってでも上洛する覚悟をした。だが讒言する者の糾明を要求したところ、家康は上洛せよと言うばかりで、日限まで区切って催促してきた。このように押し詰められては上洛を承知することはできない。これまでの起請文も反古《ほご》になり、信頼関係も失われた。讒言する者の糾明がかなわないとなれば、武門の意地を示す時期が到来したと、ひたすらに思い詰めている」と経過を説明している。

景勝が上洛しないため、家康は「豊臣政権に服さない逆賊を討つ」という大義名分があるとし、六月に豊臣政権の諸将に招集令を発し、間もなく会津に向かった。

だが家康は、自分が上方を留守にすることで、三成に挙兵させることを計算しており、三成や景勝よりも役者が一枚上だった。

上杉家は家康に屈服し苦難に耐える

兼続は三成を通じて親密となった常陸《ひたち》の佐竹義宣《さたけよしのぶ》と、密かに連携していたとされる。兼続は謙信以来の戦法で、予定戦場に家康を誘い込み、戦国の猛兵とされた越後勢で、一挙に徳川軍を叩き潰す作戦を持っていた。しかし、家康が上杉領に入る前に三成の挙兵が報じられ、家康は下野《しもつけ》の小山《おやま》から軍を返してしまった。

ここで上杉勢が家康軍を追尾していれば、西の三成にも有利な布陣が完備したかもしれない。ところが追撃を進言した兼続に、景勝は「人の危うきに乗ずるは、上杉の兵法にはない」と承知しなかった。

兼続が事前に三成と打ち合わせていたかは不明だが、三成は挙兵後に真田昌幸《さなだまさゆき》を通じて会津に使者を送っていることは確かである。

上杉軍は家康と対決するにも、後顧の憂いを断っておかねばならず、領土と勢力の増強を目論んで最上義光《もがみよしあき》領に攻め込んで長谷堂《はせどう》城を攻めた。しかし、長谷堂城の守将志村光安《しむらあきやす》が寡勢でありながら善戦したため、上杉方は苦戦した。

そこへ関ヶ原の敗報が届き、最上方もそれを知ったため攻守が逆転した。退却する上杉勢を最上と伊達が追撃し、兼続は殿《しんがり》をつとめて敵を振り切り、自領に帰ることができた。景勝と兼続には、天下分け目の戦いが、たった一日で決着してしまうとは考えられなかったのである。

関ヶ原合戦の翌年の、慶長六年（一六〇一）二月には、家康は景勝に謝罪を求めた。景勝と兼続が上洛して家康に謝罪し、上杉家の存続は認められたが所領は兼続が領していた米沢三〇万石に縮小されてしまった。

上杉家は所領が四分の一になったため、家臣への家禄を減俸したが召し放ちをせず、江戸時代を通じて苦難に耐えていくことになる。兼続は家康の寵臣本多正信の次男政《まさ》重《しげ》を娘の婿とし、上杉家の内情を幕府に晒して、上杉家に向けられる風当たりを柔らげることもした。

大坂の陣で上杉の意地を見せた景勝

大坂冬の陣では、景勝や兼続に豊臣家を思いやる余裕はなく、上杉家が徳川家に対して忠節を見せる最後のチャンスとした。徳川方に起請文を提出し、景勝は兼続とともに五〇〇〇の兵を率いて出陣した。

家康は大坂城の包囲を完成させるため今福《いまふく》に付城を築こうとした。だが大坂方は今福に砦を築いて矢野正倫《やのまさとも》ら五〇〇の兵を籠めており、大和川を挟んだ対岸の鴫野《しぎの》砦には、井上頼次《いのうえよりつぐ》らが二〇〇〇で守備していた。

家康は佐竹義宣一五〇〇を今福に向かわせ、鴫野には上杉景勝が布陣し、後詰めとして堀尾忠晴《ほりおただはる》と丹羽長重《にわながしげ》を控えさせた。

家康は佐竹義宣と上杉景勝に使者を送り、両砦の攻略を命じた。景勝が率いた勇猛果敢な上杉軍団は、鴫野砦に攻め入り壮絶な白兵戦を展開した。砦の守備兵もよく守り、大坂城から青木一重《あおきかずしげ》や渡辺内蔵助《わたなべくらのすけ》らの新手の兵が駆け付けると、形勢は逆転し上杉隊も苦戦を強いられた。

景勝は家臣が討ち死にしても前進を命じ続けた。後方で戦況を見ていた家康は、使者を遣わして景勝に堀尾隊との交替を勧めたが、景勝は「今朝より命がけで占拠した場所を、どうして人に譲ることができよう」と拒否した。

丹羽長重が家康の命令を持って景勝の陣に行くと、乱戦で敵と味方が死闘を繰り広げている後方で、景勝は床几《しょうぎ》に座って大坂城を睨み身じろぎもしなかった。

謙信が守り神とした毘沙門天《びしゃもんてん》の「毘《び》」と書かれた旗が風にはためく音がするだけで、景勝の左右に折り敷いた旗本たちも、声を殺して微動だにしていなかったという。

長重は上杉軍団の強さの本質を見て感動し、圧殺されそうな重圧感を受けたという。

だが家康からの再三の勧めで景勝も退却を決意し、敵に向かって一斉に鉄砲を撃たせ、その間に先鋒と後続を交替させ、見事に上杉軍団を後退させた。

徳川方の堀尾隊と丹羽隊が新手として前面に出て戦う間に、上杉隊は勢いを取り戻して敵兵を退け、今福砦の佐竹隊も救援して大坂方を圧倒したが、上杉一手での攻略はできなかった。

翌年の大坂夏の陣では、景勝は京都警備を担当し八幡山に布陣し、大坂城が落城すると米沢へ帰国した。

元和五年（一六一九）末に直江兼続が死去し、苦楽をともにした主従の二人三脚は終わった。景勝も元和九年（一六二三）三月に、武人として生きた生涯を閉じた。

横暴な上司から無理難題を言われ、周囲が言えない正論を申し立てて反発することはよくあることだ。爽やかではあるが、その後の左遷などの運命を覚悟せねばならないだろう。

だが男には、窓際に追いやられようとも、果たさねばならないこともある。その時に上杉景勝に対する直江兼続のように、わかり合える部下がいると、何と心強いことだろうか。

日和見

佐竹義宣《さたけよしのぶ》

西軍加担も日和見をし減封にも抵抗せず

常陸水戸五四万五〇〇〇石⇩出羽久保田二〇万五〇〇〇石

終始煮え切らない義宣の行動

佐竹家は清和源氏義光《よしみつ》の流れを汲み、古くから常陸を領した名門である。佐竹義宣は常陸五四万石を領し、東北の伊達や関東の北条に対抗するため、早くから豊臣政権に接近した。豊臣政権と義宣との交渉役は石田三成であったことから、三成と親交を深め、上杉景勝の腹心直江兼続とは三成を通じて親密になっていった。

秀吉の死は乱世の再現を予感した。前田利家の死で加藤清正らの七将が三成襲撃を企むと、義宣はその情報を摑んで三成に知らせ、三成を警護して避難させた。

慶長五年（一六〇〇）に、徳川家康が会津の上杉景勝征伐で東国の諸大名を京都に招集すると、義宣はこれに応じて上洛した。義宣は会津攻めの仙道口を任されて水戸へ帰るが、家康は義宣を疑い、宇喜多騒動で主家を離れた花房道兼《はなぶさみちかね》を軍監とした。

家康は上方に向かうにあたり後顧の憂いを断つため、義宣に上杉討伐を命じて人質を要求した。義宣は「会津征伐は秀頼様に代わってなされるもので、当家に秀頼様に逆らう意志はなく、新たな人質を出す必要はない」と家康の要求を断った。

父の義重《よししげ》や重臣たちは家康に逆らわぬように諭したが、義宣と兼続は密かに連絡を取り、家康を迎え撃つ態勢を整えようとしたとされる。家康が関ヶ原に向かうと江戸を焼き払おうと企てるが、上杉景勝の反対で直江兼続も動けなかった。

義宣は上杉が消極的では勝ち目がないと方向を転換し、徳川秀忠《ひでただ》が上田城の真田昌幸を攻撃すると、佐竹一門の義久《よしひさ》に三〇〇騎を率いさせて送った。関ヶ原合戦で東軍の勝利したことを知ると、家康と秀忠に戦勝祝賀の使者を派遣した。

関ヶ原後も景勝が伊達や最上と対峙するのを見て、義宣は家康に謝罪するために伏見へ向かった。途中の神奈川で秀忠に陳謝し、伏見で家康に家名存続の懇願をした。

慶長七年（一六〇二）五月になって、義宣は家康から国替えの命令を受けた。だが転封先も石高も不明だった。間もなく出羽国秋田郡で二〇万石への転封と決定し、義宣は常陸に帰らず秋田に向かった。

戦場では危険に加わらねば報酬はないのだが、義宣は無傷の大兵力を温存したまま、戦うこともなく減封された。日和見という中立は認められ難いのは確かだ。

西軍

滝《たき》川《がわ》雄《かつ》利《とし》

伊勢神戸三万石⇩除封⇩常陸片野二万石

得意の裏工作の才能で三大英雄に仕える

信長や秀吉、家康が求めた雄利の特異な才能

織田信長の伊勢の北畠《きたばたけ》攻略で、信長の家臣滝川一益《かずます》は伊勢の木造《こづくり》氏に仕える僧が爽やかな弁舌で説得力があるのを見出し、還俗させて娘婿として迎え滝川雄利とした。信長が次男の信雄《のぶかつ》を北畠家に養子入りさせると、雄利は信長から信雄の付家老を命じられ、信雄の義父である北畠具教《とものり》を討ち果たしたり、伊賀豪族を裏工作で調略するなど才能を発揮した。

天正十二年（一五八四）の小牧長久手の戦いでは、羽柴秀吉からの内応勧誘を断って伊勢国松ヶ島城に籠城して意地を見せた。だが主君の信雄が和睦を決意すると、岳父の一益を通じて秀吉に接近し、信雄に単独講和をさせている。

秀吉は雄利の才能に着目し、小牧長久手の講和の使者として、徳川家康の元へ派遣した。家康も講和に奔走する雄利を、信頼していったようだ。

秀吉は小田原征伐後に、家康を北条氏の旧領に移し、信雄を家康の旧領に移そうとしたが、信雄が拒んだため信雄の所領を没収した。秀吉は雄利を直臣に取り立てて、北伊勢の神戸《かんべ》城主として二万石を与え、羽柴姓を与えた。

文禄四年（一五九五）に、関白の豊臣秀次《ひでつぐ》が粛清されると、雄利も連座して所領を召し上げられたが、間もなく許されて三万石を与えられ、秀吉の御伽衆となった。

関ヶ原の戦いでは秀吉恩顧の大名として西軍に与し、四〇〇〇の兵で居城の神戸城に籠城した。このため戦後には改易されたが、慶長六年（一六〇一）に徳川家康に召し出され、家康の御伽衆の一人として常陸国片野《かたの》で二万石を与えられた。改易された大名の中では、異例に早い復帰である。

雄利は人を引き込む弁舌という特異な才能で、信長、秀吉、家康という、個性の違う三大英雄に仕えたことになる。秀吉や家康は雄利が調略や講和に発揮する能力を求めたのか、罪を問いながらも間を置かずに許している。

どんな困難な交渉でも丸く収め、相手が心を許してしまう雄利のような人物は、どのような企業でも欲しくなる人材である。ビジネスの世界だけでなく、政治の世界でも求められるに違いない。

西軍

新庄直頼《しんじょうなおより》

摂津高槻二万六〇〇〇石⇩除封⇩常陸麻生三万三〇〇〇石

家康との旧交で旧領を上回る石高で復活

なぜか家康に気に入られて復活

新庄直頼の新庄氏は、藤原秀郷《ふじわらのひでさと》の子孫季俊《すえとし》を祖とし関東を拠点にした。足利尊氏《あしかがたかうじ》に仕えて近江《おうみ》に移り、室町幕府の御家人として近江国朝妻《あさづま》城を居城とした。

天文十八年（一五四九）の三好《みよし》一族が衝突した江口の戦いで、直頼の父直昌《なおまさ》が戦死したため、直頼は伊賀谷《いがだに》に隠棲した。やがて直頼は北近江の浅井《あざい》長政《ながまさ》に仕え、朝妻城主に返り咲いて姉川の戦いにも浅井方で参戦している。

浅井氏の滅亡後は織田信長、豊臣秀吉と仕え、賤ヶ岳の戦いでは近江坂本城を守備した。天正十九年（一五九一）には一万二〇〇〇石を受けて近江大津城に入り、文禄三年（一五九四）には大和宇多《うた》城に移り、翌年には摂津高槻《たかつき》城へ移り二万六〇〇〇石に加増された。

関ヶ原合戦では、直頼は親しくした家康の東軍に与しようとするが、周囲が西軍大名のため東軍に加わることができず、やむなく西軍に属して東軍の筒井定次《つついさだつぐ》の伊賀上野城を攻略した。

戦後、直頼は領地を没収されたが、家康は「直頼と旧交があることを忘れていない。蒲生と新庄は近江にいた関係があり、蒲生に預けよ」と言い、直頼の身柄を新会津領主となった蒲生秀行《ひでゆき》に預けた。

四年後の慶長九年（一六〇四）に直頼は赦免され、家康と秀忠に謁見すると常陸国行方《なめかた》郡などで三万三〇〇〇石を与えられ、関ヶ原合戦の前を上回る石高になって復活したのである。直頼が御家再興運動をした形跡も特になく、家康へ強力な忠誠心を見せたとも思えず、どのような旧交があったのかもわからない。

直頼は家康より四歳の年長である。互いに戦国の世を生き抜いてきたことで、話が合うこともあったのだろう。

われわれも、日常で多くの人と交際しているが、ある人とは人間関係を密にするという意識がなくとも、ちょっとしたことが琴線《きんせん》に触れ、その人に気を配ることがある。おそらく、家康もそうだったのだろう。

東軍

細《ほそ》川《かわ》藤《ふじ》孝《たか》

天皇が才能を惜しみ勅許を出して救う

丹後宮津一一万石⇩西軍に降伏⇩子の忠興が豊前中津三九万九〇〇〇石

天皇は藤孝の文化的知識が失われるのを惜しんだ

細川藤孝は十三代将軍足利義輝《よしてる》の側近であったが、義輝が松永久秀《まつながひさひで》や三好三人衆に殺害されると、興福寺の一乗院門跡になっていた義輝の弟覚慶《かくけい》（義昭《よしあき》）を救出した。

藤孝は幕府再興を目指し、各地を放浪して協力者を求めたが、織田信長が義昭の上洛を成功させ、足利十五代将軍とした。藤孝は義昭に仕えながら信長にも仕え、義昭と信長の関係が悪化すると義昭を見限った。信長の一武将として各地を転戦し、丹後南半国一一万石を領するようになった。

明智光秀が信長を討つと、藤孝の嫡子忠興《ただおき》の妻が光秀の娘という関係で、光秀は協力を求めてきたが断固として断り、剃髪して隠居し幽斎《ゆうさい》と号するようになった。

細川幽斎と忠興の父子は、光秀を討った羽柴秀吉に臣従し、有職故実や茶道、音曲に秀でた幽斎は文化人として重用されていった。細川父子は徳川家康とも親交があり、秀吉の死後には姻戚関係にある前田家と家康の関係を斡旋したことで、豊後に六万石を加増された。

家康が上杉討伐に向かうと、忠興は軍勢を率いて参加した。石田三成が打倒家康の兵を挙げると、幽斎は家康方を鮮明にした。西軍一万五〇〇〇の兵が幽斎が留守を守る丹後田辺城を包囲し、幽斎は老人と子どもだけの五〇〇ほどの兵で激しく抵抗した。

だが落城は確実な状況になり、幽斎は所有する貴重な歌集などを、使者を通じて後《ご》陽成《ようぜい》天皇や公卿に献上し、弟子の八条宮智仁《としひと》親王には三条西実枝《さんじょうにしさねき》から授けられた『古今和歌集』秘伝書を贈った。

後陽成天皇は幽斎の文化的知識が失われることを惜しみ、勅使を遣わして幽斎に開城を促したが、すぐには応じなかった。勅使が三度派遣されるにおよんで幽斎は田辺城を開城したが、直ちに開城すれば、武将としての器量が問われるとしたのだろう。

幽斎の二ヶ月におよぶ籠城は終わったが、この時すでに関ヶ原の戦いで家康の東軍が勝利していたのである。

幽斎は文化知識という才能によって一命を救われたが、一万五〇〇〇の西軍を丹波に引き付けて、関ヶ原本戦に参加させなかった功績は大きなものであった。

東軍

京極高次《きょうごくたかつぐ》

勇猛な西軍を釘付けにした〝蛍大名〟

近江大津六万石⇩西軍に降伏⇩若狭小浜九万二〇〇〇石

家康との約束を守り大津城に籠城

京極氏は北近江の守護大名だったが、臣下の浅井亮政《あざいすけまさ》の下克上を受け近江を追われた。後に浅井氏の客将として近江に戻り、高次は浅井氏の居城小谷城《おだにじょう》で生まれた。高次の母は亮政の孫浅井長政の姉である。

浅井長政は織田信長の妹お市を妻にしていたが、信長に叛旗を翻すと高次は信長に臣従する。本能寺の変では明智光秀の配下として羽柴秀吉の長浜を攻め、山崎の戦いで光秀が敗れると、秀吉方の旧臣堀秀政《ほりひでまさ》の配慮で越前の柴田勝家の許に逃れた。

賤ヶ岳の戦いでは柴田勢で秀吉と戦い敗走するなど、高次の前半生は秀吉の敵方にばかり付くという運の悪さであったが、この境遇を姉の竜子《たつこ》の存在が一変させた。

竜子は若狭守護の武田元明《たけだもとあき》の妻であったが、元明は光秀に与して自害した。秀吉は竜子を側室松の丸殿としたので、高次は秀吉に仕え天正十五年（一五八七）には一万石を与えられた。高次は浅井氏の娘初《はつ》（常高院）を妻とした。初は淀殿《よどどの》の妹で、秀忠の妻お江《ごう》の姉である。文禄四年（一五九五）には、近江大津城六万石を与えられたが、姉や妻の閨閥《けいばつ》（尻の光）で出世したことで〝蛍《ほたる》大名〟と揶揄《やゆ》された。

秀吉が没して徳川家康が豊臣家を専断するようになり、家康は上杉討伐に会津に向かう途中で大津城に立ち寄り、高次に大津城の堅守を命じた。高次は家臣の山田大炊《おおい》を人質として家康にともなわせたが、周囲は石田三成をはじめ反家康方が多く、三成が打倒家康の兵を挙げると西軍に与して越前に出陣した。

だが高次は、大津に戻り東軍となって籠城した。大津城は猛将で知られる立花宗茂や小早川秀包《ひでかね》らの西軍一万五〇〇〇の兵に包囲され、大砲が撃ち込まれ落城戦前になっても高次は踏ん張っていた。慶長五年（一六〇〇）九月十四日に、降伏勧告の使者を受け、高次は夜になって降伏した。

翌朝には剃髪し、家臣とともに高野山に向かうが、この日の昼過ぎには関ヶ原合戦で西軍が総崩れになっていた。高次の奮戦は結果的に、一万五〇〇〇の西軍を関ヶ原合戦に参加させなかった。家康は高次を高野山から迎え、若狭一国八万五〇〇〇石を与え、翌年には七〇〇〇石が加増されて九万二〇〇〇石となった。

敗将はいかにして逆境から抜け出したか

部下を思いやり、誠意のある人が復活できる

関ヶ原合戦に敗れた者への、徳川家康の処分は厳しく、宇喜多秀家や長宗我部盛親など西軍に与した多くの大名が領地を失った。さらに毛利輝元や上杉景勝らは大幅に領地を削られ、首謀者とされた石田三成、小西行長、安国寺恵瓊の三人は、領地だけでなく命まで奪われた。

戦いに敗れた大名の多くは、東軍の大名家に預けられ、再興してもらうため徳川幕府への忠誠心を見せてあくせくしているが、それに成功した大名は少ない。

復活できた大名には、何があったのだろうか。

家康と個人的に密な関係があればいいのだが、コネや縁故を利用することも必要だった。だが武将として勇猛であることが第一に求められたように思われる。関ヶ原合戦後には、家康は大坂の豊臣家との一戦は避けられないと考えており、復活大名の結果からも、戦闘意欲の低い者の復活は無理であったと思われる。

立花宗茂や岩城貞隆《いわきさだたか》などは、復活するまでに長い歳月を費やしている。彼らには大名からの誘いもあったが、どんなに苦しくとも妥協せず、独立大名になることを決して諦めずに、復活する日を信じていた。

その上に、所領を失っても家臣に慕われ、生活を家臣の労働で支えられたという将器があったことが大きいと思われる。家臣に信頼される者でなければ、戦場での力を発揮できないからだ。宗茂も「戦いは兵の数ではない。少人数で勝利する秘訣は、日頃から家臣に親しく接してやることだ。それによって家臣たちが団結し、主君のために命を捨てようと思うものなのだ」と言っている。

さらに誠意のある者でないといけないだろう。裏切りや寝返りをする者は信用されない。豊臣政権の経済官僚である長束正家《なつかまさいえ》や増田長盛《ましたながもり》らは、西軍に与しながら家康に情報を流していたが、こうした行為は家康からも蔑まれたのである。

彼らには経済感覚というスキルがあったが、これは安定した社会でこそ必要なもので、戦乱の残ったこの時代には将器が最優先されたのだろう。

現在では、部下を思いやってチームワークを重要視し、誰に対しても誠意のある対応をする人が、一度くらいの失敗で失脚しても、復活を信じて行動すれば、願いは実現するということだろう。

第四章

勝者になっても安泰ではない者たち

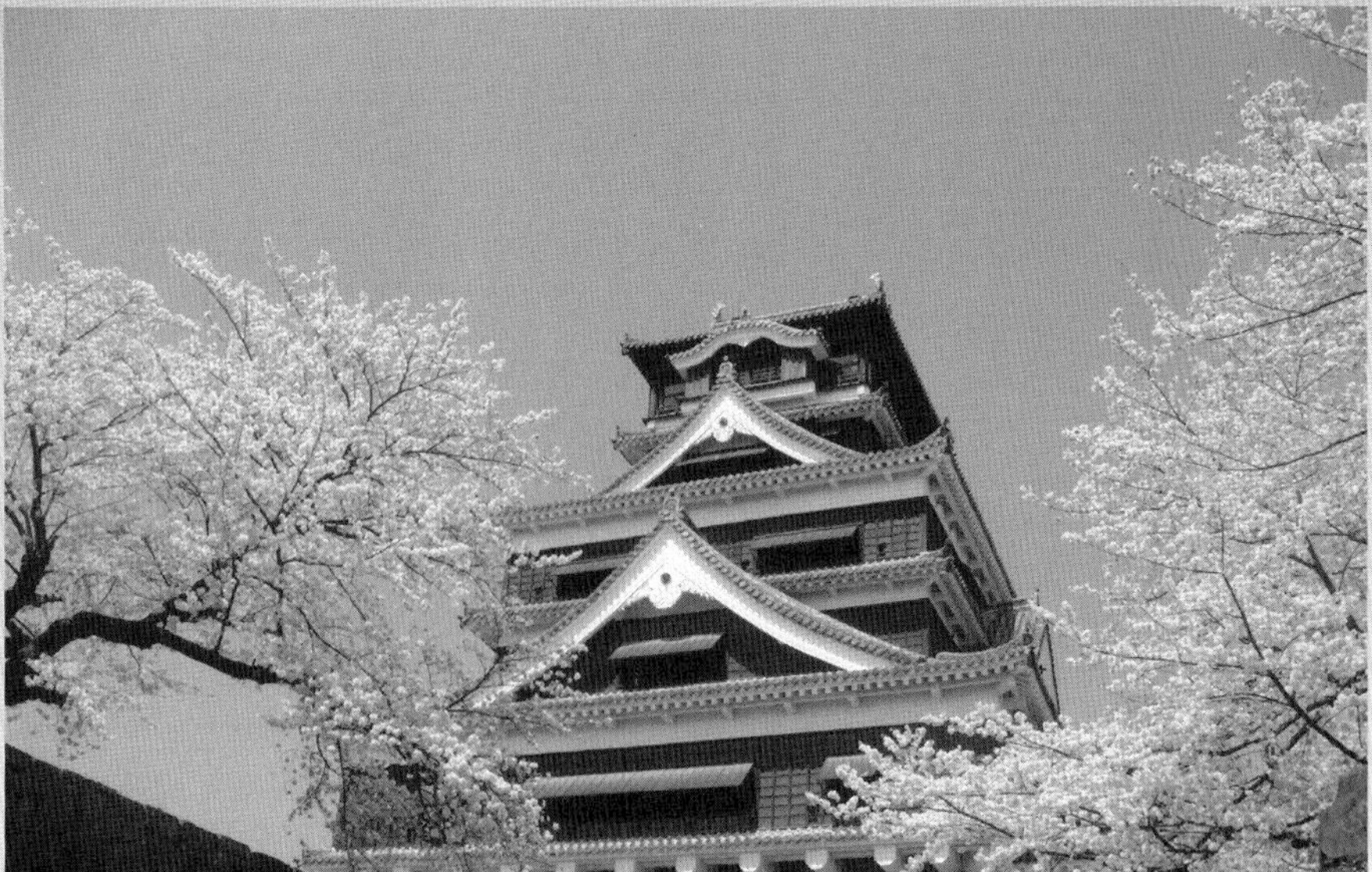
加藤清正が築いた熊本城（再建）

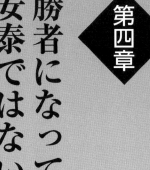

東軍

前《まえ》田《だ》利《とし》長《なが》

加賀金沢八三万五〇〇〇石⇩加賀金沢一一九万五〇〇〇石

家康の挑発に屈し母を差し出し家を安泰

家康を警戒しながら利家が死去する

慶長三年（一五九八）八月十八日に、豊臣秀吉《とよとみひでよし》が大坂城で死去した。秀吉は、まだ六歳でしかない秀頼《ひでより》の行く末を案じ、家康《いえやす》と前田利家《としいえ》が互いに監視をし、この二人を五奉行が監視する体制を作っていた。

秀吉の死から半年も経たない、慶長四年（一五九九）正月には、家康は豊臣譜代の大名たちと婚姻関係を結んで秀吉の遺命に背いた。利家は秀吉の期待に応えて他の大老や奉行と連携し、家康の専断を糾弾して対決する姿勢を見せた。この事態は家康が折れたことで収拾されたが、正式な和解をするまでには至らなかった。

細川忠興《ほそかわただおき》は利家の七女千世《ちよ》を嫡男忠隆《ただたか》の正室にしていた関係から、利家の嫡男利長に家康と利家の和解交渉を説得した。利長も「秀頼さまの御為」として、家康に和解を申し出たので、家康もそれを受けた。

二月二十七日に、大坂の利家が病体を押して、伏見の家康を訪問する。利家は台所衆も連れて行くほどに警戒し、家康に殺害されることも覚悟していた。

利長は利家の伏見行きの同行を願ったが、利家は「家康が、われらを斬るのは必定じゃ。その時は弔い合戦で勝利せよ」と、大義名分を得て家康を討てと諭して大坂に残した。だが、加藤清正《かとうきよまさ》、浅野幸長《あさのよしなが》、細川忠興らが、利家に同道して警護したため、利家の最後の賭けとはならなかった。

家康は三月八日に、この返礼で大坂の前田屋敷を訪れた。この時に石田三成《いしだみつなり》や小西行長《こにしゆきなが》らが家康を襲撃するという噂が流れ、家康は警戒しながら利家を見舞った。

利家は抜き身の刀を布団の下に隠していたという話もあるが、もはや家康と対決する気力もなく、家康に利長の前途を託す弱々しい姿を見せていた。

間もなくの閏《うるう》三月三日に、利家は「あと五年あれば、秀頼さまを奉じ、諸大名をまとめたものを……」と悔やみながら死去した。

豊臣政権の大老を各個撃破していく家康

利家の死後に、前田家の老臣徳山則秀《とくやまのりひで》が出奔した。則秀は娘を家康に差し出して、利家が生前に利長と家康打倒の密談をしたことを注進したのである。

さらに、閏三月十日には、利長は老臣の片山伊賀守《かたやまいがのかみ》を上意討ちにした。利家が伊賀守に家康暗殺を命じたが、伊賀守は利家に諫言し思いとどまらせたことがあった。伊賀守が徳山則秀のように、この情報を持って家康に走ることを恐れたのだ。

利家の死と同時に、加藤清正、福島正則《ふくしままさのり》、浅野幸長、池田輝政《いけだてるまさ》、加藤嘉明《かとうよしあき》、細川忠興、黒田長政《くろだながまさ》の七将が石田三成襲撃の行動を起こし、豊臣譜代大名同士の諍《いさか》いが表面化した。だが前田家の家督を嗣いでいない利長には、これを収めるまでの力がなかった。家康は、この騒動を収拾して威厳を示し、反三成派の勢力を取り込んでいくようになっていった。

利長は五月に家督相続の祝宴を開き家康を招いたが、家康は暗殺を警戒して重臣の本多忠勝《ほんだただかつ》を代理で出席させている。

利家は死に臨んで、利家亡きあとの豊臣政権の混乱に対し、利長に具体的な方針を指示していた。前田家は秀頼傅役《もりやく》の立場から、大坂に大軍を常駐させており、利長へ三年間は領国の加賀に帰るなとしていた。

家康を牽制するという前田家の難しい立場は、利長には荷が重く精神的に疲労したのか、家康から帰国の勧めを受けると父の遺命を無視して、豊臣家の内部抗争を横目に見ながら加賀に帰ってしまった。

利長が大坂から離れたことは豊臣政権から離脱したことになり、前田家が家康と対決することから降りたことになる。反家康の大名たちは「家康へ挨拶する利長は、へりくだることが甚だしく、利家公の死後一〇〇日にもならぬのに、このように威勢が衰えてしまうものか」と失望させた。前田家老臣の村井長頼《むらいながより》や奥村永福《おくむらながとみ》も「ご遺言を守れないようでは、御運も末だ」とあきれかえったという。

家康は九月九日の重陽《ちょうよう》の節句を祝う名目で大坂城に入り、秀頼と対面しようとした。だがこの時に、豊臣家奉行衆の増田長盛《ましたながもり》と長束正家《なつかまさいえ》が、暗殺計画があることを家康に密告してきた。

これは、家康に対して消極的になった利長を奮起させるために、増田と長束が工作し、家康と対決せねばならないように仕組んだとする説もあるが、この二人は家康を恐れて何かと密告する癖があり、にわかには信じられない。

家康は三成と利長がいない大坂に、警戒心がなかったようで、驚いて伏見から軍勢を呼び寄せている。

家康は豊臣政権の大老たちを、各個撃破していく方針である。家康は大老を大坂から国許に返し、政権から遠ざけてから難癖を付けるようになった。

家康はこの暗殺計画を利用して豊臣家の力を削いでいくことにした。この企てに加わった土方雄久《ひじかたかつひさ》や大野治長《おおのはるなが》を関東に流し、五奉行の中で家康寄りの浅野長政《ながまさ》を関東で謹慎させた。

こうした企てがあれば、利長が金沢に帰るはずがないのだが、家康は利長が暗殺の企てを後ろから糸を引いていたとして前田討伐を発動し、加賀小松の丹羽長重《にわながしげ》に討伐軍の先手を命じた。

ここで利長が「濡れ衣を着せられた」と、家康と対決する姿勢を見せれば、利長に加担する大名を結束できたのだろうが、利長にはそこまでの覚悟がなかった。

前田家中では交戦派と回避派に分かれたが、家康が大坂を制し秀頼を手中にして豊臣家のためという大義名分を掲げたことで、家康に懐柔された武断派の諸将は家康に加担すると思われた。

利長は縁戚関係にある宇喜多秀家《うきたひでいえ》や細川忠興に救援を求め、重臣の横山長知《よこやまながちか》を家康の許に派遣して弁明に努めた。実母の芳春院《ほうしゅんいん》を人質として江戸に差し出し、養嗣子とした弟の利常《としつね》と徳川秀忠《とくがわひでただ》の次女珠姫《たまひめ》を結婚させることで、家康に屈服した。

五大老の毛利輝元《もうりてるもと》は家康と起請文を交わして恭順し、宇喜多秀家は御家騒動によって家康に抗するどころではなかった。家康が狙う大老は上杉景勝《うえすぎかげかつ》一人になっていた。

関ヶ原合戦を戦わず領土を広げた利長

慶長五年（一六〇〇）に、家康は上杉景勝に謀反の企みがあるとし、上杉討伐の軍令を発すると、利長と利政《としまさ》の兄弟にも家康の軍令は届いた。家康は利長を越後の津川《つがわ》口から会津に攻め込む大将とし、堀秀治《ほりひではる》や村上義明《むらかみよしあき》などの越後衆を与力に付けた。

家康の留守を狙って挙兵した三成の西軍からも、利長と老臣の村井長頼に「秀頼さまへの馳走」を求め「北国七ヶ国切り取り次第」の報酬を記した書状が届いた。

前田家では西軍に加担すべきとする重臣もあったが、利長には家康の人質になった芳春院を捨てられず、家康に味方することに決していた。

利長は小松城の丹羽長重に使者を送って参陣を促したが、長重は利長の指揮下で行動することに抵抗し、双方の交渉は決裂した。

利長と利政は独自の判断で兵を南に進めた。越後に兵を進めるために後顧の憂いを断っておこうと考えたのかもしれない。松任《まっとう》に至った利長は、再度丹羽長重に参陣を促したが、長重はすでに大坂から銀子三〇〇〇枚などの軍資金を受け取っていた。

前田隊が大聖寺《だいしょうじ》に向かうと、丹羽勢は小松城外で前田隊を銃撃した。前田隊は山口《やまぐち》宗永《むねなが》が籠もる大聖寺城を落とし、越前北ノ庄《きたしょう》の青木一矩《あおきかずのり》の攻撃に向かった。青木は大谷吉継《おおたによしつぐ》に救援を要請したので大谷が北ノ庄城に入っていた。

　利長は金沢に留守隊しか置いていないことが不安になり、金沢に戻ることにしたが、浅井《あさい》畷《なわて》で別働隊の長連龍《ちょうつらたつ》隊が丹羽勢に攻撃され、損害を出していた。

　ここで丹羽長重は、家康の使者を受けて東軍に寝返った。利長の許に家康から美濃口で合流すべしとする命が届き、能登七尾《ななお》の弟利政に軍勢を催促するが、利政は大坂に残した妻子が気がかりになって応じなくなっていた。

　利長は弟の造反に困惑しながら、丹羽長重を誘って美濃に向かったが、利長が近江《おうみ》に入った時には、関ヶ原の決戦はすでに終わっていた。

　利長は大津で家康に謁見すると、家康から丹羽と山口の領土と弟利政領を与えられ、一二〇万石を領する大大名になった。利長は豊臣政権の大老の中で、関ヶ原合戦後に唯一領土を拡大させているが、家を維持する心労が加わっていく。

　利長は、慶長十年（一六〇五）に、二代将軍秀忠の次女を正室とした弟の利常に家督を譲った。慶長十七年（一六一二）には、家康の寵臣本多正信《ほんだまさのぶ》の次男本多政重《まさしげ》を召し抱え三万石の高禄を与えた。

　本多政重は、宇喜多家など諸大名家を渡り歩き、父正信や兄の正純《まさずみ》の間諜として働いていた。関ヶ原合戦後に上杉景勝の重臣直江兼続《なおえかねつぐ》が婿養子としていたが、妻が死去したため直江家を離れていた。前田家が高禄で迎えたことは、軍制などを幕府に筒抜けにさせるということであり、上杉も前田も生き残りを賭けて必死だったのである。

徳川幕府は前田家に目を光らせていた

慶長十九年（一六一四）五月、大坂冬の陣を前にして利長は死去した。大坂冬の陣で前田勢を率いた利常は、井伊《いい》直孝《なおたか》、松平《まつだいら》忠直《ただなお》らとともに、激戦が予測できる真田《さなだ》丸《まる》の前面に陣を敷いた。守将の真田信繁《のぶしげ》は七〇〇〇の兵で真田丸を守備し、真田丸の前方にある篠山に砦を構え、そこから前田隊に鉄砲を撃ちかけた。

前田隊は多くの死傷者を出し、先鋒の本多政重と山崎長門《やまざきながと》が篠山の砦に夜襲をかけたがもぬけの殻だった。真田丸から嘲笑の笑いが起こり、逆上した前田隊が真田丸の空堀に向かうと、真田丸から激しい銃撃が加えられた。

これを見た利常は本隊に進撃を命じ、井伊、松平、藤堂《とうどう》らも一斉に真田丸に攻めかかり、まんまと真田信繁の罠に嵌《はま》って大敗してしまった。だが利長は、徳川家に対する忠勤を見せることはできた。

元和二年（一六一六）に家康は死を覚《さと》り、病床に利長を呼んだ。家康は利長に「わしは、お前を殺そうと思案したが、秀忠が反対するので助けておいた。秀忠の恩を思えば謀反などするでないぞ」と脅迫したという。

前田家は利家、利長の二代にわたって、徳川家から仮想敵とされたため、常に徳川幕府に気を遣わねばならず、用心を重ねていた。

寛永八年（一六三一）に、秀忠の病中に金沢城を補修したとか、他国より船舶を購入したとかで謀反の嫌疑をかけられた。驚いた利常は嫡男の光高《みつたか》とともに即刻江戸に下り、家老の横山康玄《よこやまやすはる》が奔走して懸命に弁明し、何とか疑いを解くことができた。

その後、利常は鼻毛を伸ばすようになり、たまりかねた家臣が毛抜きを献上すると、利常は「大身ゆえに知恵者と思われると疑いを受ける。愚者を装って加越能三国を治めようではないか」と言っている。

また利常は病で登城を休んだことがあり、出仕すると幕府老中の酒井忠勝《さかいただかつ》から「気ままがでましたか」と笑いかけられた。利常は「私は疝気《せんき》持ちで歩けなかったのです。これを見てください」と満座の中で陰嚢を見せるということもしている。

加賀藩は幕府に気を遣うあまり、幕末維新に乗り遅れてしまった。絶対に屈しないという生き方もあるが、前田家は財力で武力を養わず、屈することで工芸や文化という平和産業の育成に力を注いでいった。これは現在に至るまで伝統工芸や伝統文化として金沢に生きているのだ。

東軍

加《か》藤《とう》清《きよ》正《まさ》

三成憎しで家康に加担した豊臣家の忠臣

肥後熊本二五万石⇩肥後熊本五一万五〇〇〇石

幼い頃から秀吉に育てられた清正

加藤清正の母と、羽柴《はしば》秀吉の母は従姉妹同士とされる。農民から成り上がった秀吉には一門衆がなく、血縁の清正は貴重な存在である。秀吉が近江長浜《ながはま》城主となると清正は秀吉に預けられ、元服して小姓に取り立てられると一七〇石を与えられた。

天正十一年（一五八三）の賤《しず》ヶ岳《たけ》の戦いでは、柴田《しばた》勝家《かついえ》の重臣山路《やまじ》正国《まさくに》を討ち取る功名を挙げ、「賤ヶ岳の七本鎗」の一人として三〇〇〇石の所領を与えられた。

清正は秀吉の四国征伐、九州平定と従軍し、佐々《さっさ》成政《なりまさ》が領国の肥後国での失政で改易されると、肥後の北半国二五万石を与えられ、熊本城を居城とした。

秀吉は小西行長に肥後の南半国を与え、この二人に朝鮮出兵で先鋒を務めさせる布石であった。所領が隣接した清正と行長は境界争いも多く、小西領の天草で一揆が起こると、清正は行長の説得を無視して出兵を強行し鎮圧した。以後の二人は相容れることはなく衝突していく。

秀吉子飼いの尾張出身の家臣は、秀吉自身が信長に認められようともがいていた頃から仕え、秀吉の正室お禰《ね》に世話を焼かせて育てられ、加藤清正や福島正則など荒武者とされる者が多い。秀吉から将来を期待され、清正もこれに応えて秀吉への忠義を尽くしていった。

一方で、近江出身の家臣には、石田三成を代表に算用に秀でた者が多く、彼らは秀吉から治世を任されるようになる。この近江閥は浅井長政《あざいながまさ》の娘で秀吉の側室になった淀殿と結びついていった。

石田三成は永禄三年（一五六〇）、福島正則は永禄四年（一五六一）、加藤清正は永禄五年（一五六二）の生まれで年齢も近いが、正則と清正は三成を相容れない者としたことで、結果的に豊臣政権を弱体化させることになった。

清正は三成と行長に激しい怒りを持った

秀吉は朝鮮を通過して明国を制圧する構想を持っていた。これを石田三成や小西行長は無謀とするが、秀吉に対して直接に反対することはできなかった。そのため裏工作で秀吉を欺いてでも、何とか思いとどまらせたいとしていた。だが、清正にとって秀吉の命は絶対のもので、何がなんでも遂行せねばならぬものである。

天正二十年（一五九二）からの朝鮮出兵では、小西行長は一番隊を率い、裏面工作が露見せぬよう清正よりも先に進撃せねばならず、釜山上陸後は首都漢城《ソウル》（京城）を攻略した。第二軍を率いた清正は、そうした行長の魂胆を知らず、行長へのライバル心を剝き出しにして、漢城の攻略争いをしていたのである。

こう見ると、清正はただの猪武者のように思われるが、肥後での治政では治水や商業政策で優れた手腕を発揮し、捕虜にした朝鮮二王子を厚く遇し、後に釈放した二王子から「慈悲仏のごとし」と感謝されたという情のある武将でもあった。

やがて日本の侵攻軍と明・朝鮮軍の間で和平交渉が持たれ、清正は秀吉の講和条件を伝えたが、それは明にも朝鮮にも到底受け入れられるものではない。秀吉の命令を無視してでも和睦を結ぼうとする小西行長は、清正が講和の邪魔であった。

そこで、清正が独断専行したことや豊臣姓を勝手に名乗ったこと、清正の足軽が明使に狼藉を働いたことを秀吉に訴えた。三成が行長に同調したため、秀吉は文禄五年（一五九六）に清正を日本に召還し、謹慎を命じた。

三成と行長に対する清正の怒りは激しく、清正と交流のある増田長盛が三成との和解を勧めたが、清正は断固としてこれを断っている。

清正の謹慎中に起こった慶長伏見大地震は、完成したばかりの伏見城天守も倒壊させ、城内だけで六〇〇人が圧死した。清正は伏見城へ駆け付け、秀吉の身辺警護をしたことで勘気が解かれた。

清正はふたたび朝鮮に渡海するが、この時、行長は敵将の李舜臣《りしゅんしん》に清正の上陸予想地点などを密かに教え、清正を討たせようとした。李舜臣が信じなかったことで事なきを得たが、行長との確執はここまで深くなっていたのである。

清正ら朝鮮在陣の諸将は、餓えと寒さに襲われた蔚山《ウルサン》城の籠城に耐えて敵を撃退していたが、戦況に明るい見通しがなかった。そんな慶長三年（一五九八）に秀吉が死去したため、清正らは苦しい撤退戦を戦い帰国した。

あくまでも三成との対決を選んだ清正

諸大名は秀吉の遺児秀頼が、六歳でしかないことに不安を持っていた。家康は秀吉の遺言を無視し、諸大名と婚姻政策を進めたことで、秀頼の傅役前田利家が家康に反発した。利家の屋敷に上杉景勝、毛利輝元、宇喜多秀家の三大老や石田三成、さらに加藤清正や細川忠興、浅野幸長、加藤嘉明ら武断派の諸将も詰めかけると、家康は利家と対立することは不利と悟って和解したが、この和解を信じる者はいない。

清正が豊臣家をないがしろにする家康を快く思うわけがないが、家康の持つ力は強大で無視することはできなかった。清正は家康に接近し家康の養女を継室とした。一方で、三成も豊臣家の行く末を危惧して行動しているのだが、清正が三成と与することは、個人的な感情からも絶対にあり得ないことであった。

豊臣政権内での武断派と文治派の対立は、前田利家が均衡を保つ要になって調停に努めていた。だが利家が死去すると両派の対立が表面化した。

清正や福島正則、浅野幸長ら七人の将は、三成派の策謀で朝鮮出兵での戦いなどの評価が無視されたとして、三成を抹殺することが豊臣家のためになると考え、手勢を率いて清正の屋敷に集結した。

これを知った三成は家臣の島清興《しまきよおき》（左近）らとともに逃れ、七将に追われて伏見城内の自邸に立て籠もった。伏見城下で政務を執っていた徳川家康が仲介し、蔚山城の戦いの査定の見直しや三成を隠居させることを約束し、一時は秀吉の養子にしていた次男の結城秀康《ゆうきひでやす》に、三成を居城の佐和山《さわやま》城に送り届けさせた。この後、家康は七将への接近を強めていった。

慶長五年（一六〇〇）、家康が上杉景勝が謀反を企んだとして、上杉征伐に諸将を引き連れて会津に向かうにあたり、秀頼が家康に軍資金と兵糧を与えたことで、家康は豊臣政権を代表して上杉征伐に赴くという名分を得た。

家康のいない上方で石田三成が打倒家康の兵を挙げた時、清正は所領の熊本に帰っていたが、西国大名の多くは三成の呼び掛けに呼応していた。三成が家康に勝利すれば、三成は敵対する豊臣譜代の大名たちを粛清するに違いなく、清正の家臣も家康方に付く危険性を訴えた。

だが清正には三成や小西行長との確執があり、個人的な感情を優先して家康方に与することを決定した。清正は家康から九州の西軍掃討を命じられ、隣国の憎き行長の居城宇土《うと》城を攻めた。小西方は城代の小西長元《ながもと》が抵抗したが、主力を関ヶ原に投入しており、関ヶ原合戦後には開城した。立花宗茂が関ヶ原の敗戦によって帰国し、居城の筑後柳川《やながわ》城に籠もると、清正は宗茂の人柄を惜しんで説得を続け、家康から謝罪を認められた宗茂は、清正に和議を申し入れ柳川城を開城した。

家康は天下を狙っていたが、表面では三成との争いとし、豊臣恩顧の大名を率いて関ヶ原合戦を勝利した。清正は九州鎮定の功によって小西領を与えられ、肥後一国五一万五〇〇〇石の太守となった。

徳川と豊臣の間で苦悩した清正

関ヶ原合戦は結果的に豊臣政権の敗北になった。豊臣家は各地の蔵入地を削られて六五万石の所領にされたのである。清正はどのような思いであったのだろう。

慶長八年（一六〇三）二月、家康は征夷大将軍の宣下を受け、武家の棟梁として江戸に幕府を開いた。家康は名実ともに政治の主権者となり、諸大名は家康の命にしたがうことになった。だが豊臣家では、秀頼が成人すれば政権は還されるものと楽観的に見ようとした。

そこで家康は、二年後の慶長十年（一六〇五）に、秀忠に将軍職を譲って徳川の政権が世襲されることを示した。そして家康は、新将軍秀忠の長女千姫《せんひめ》を正室とする秀頼に、新将軍になった舅に対して挨拶あってしかるべきとし、秀吉の未亡人である高《こう》台院《だいいん》（お禰）に秀頼生母の淀殿《よどどの》を説得させようとした。

だが淀殿は「秀頼が秀忠に頭を下げることは思いもよらぬ。あくまでも秀頼の上京を望むなら、母子自害の覚悟がある」と突っぱねた。京都と大坂の市中は騒然となったが、家康は豊臣氏が臣従の態度を示さないなら、いつか滅ぼすしかないと決意した。

もう誰も家康に逆らえず、慶長十四年（一六〇九）に、家康は大坂に睨みをきかせるために名古屋に築城し、西国大名に手伝いを命じた。

この時に清正は、志願して天守閣の造営を担当した。小姓時代から苦楽をともにした福島正則が「毎回の手伝い普請ではたまらん」と愚痴ると、清正は「そんなに嫌なら、国許に帰って戦支度をすべきだ。それができないなら不平を言わずにやるべきだ」とたしなめ、人夫の牽《ひ》く巨石の上に乗り、木遣《きや》り歌に合わせて陽気に踊って指揮をした。

家康の力は清正が進んで膝を屈するほど強大になっており、江戸城の修築にも派手に石引きをした清正を、黒田長政は「清正殿も苦しいのだ」とつぶやいたという。

清正は秀頼の行く末を思う気持ちが人一倍強い。さらに豊臣恩顧の巨頭である自分は徳川政権に溶け込まねば生き残れない不安や、家康を巨大化させてしまった関ヶ原合戦をはじめとした悔恨などで苦悩していたに違いない。

清正は徳川政権の異分子になった大坂城の秀頼に、事あるごとに伺候し家康との和解を斡旋していた。慶長十六年（一六一一）三月、豊臣秀頼が家康の招きを受け入れて京の二条城での会見が実現した。淀殿は「会いたければ大坂に来い」と息巻いていたが、清正と浅野幸長が説得し、会見にこぎつけることができたのである。

清正と浅野幸長は道中の秀頼を警護し、清正は会見に臨んで懐中に短刀を隠し持ち、万一の場合は家康と差し違える覚悟で、秀頼に寄り添っていたという。

秀頼に対する清正の精いっぱいの忠誠心であったのだろうが、現代風に言えば「今さらかい……」という思いである。会見は終始和やかに進められたが、秀頼が家康の杯を受けたことで、徳川と豊臣の関係は主従関係に一歩近づけることになった。

伏見を離れる秀頼の船を見送った清正は「これで故太閤《たいこう》の御恩に報ずることができた」と涙を流したというが、これで秀頼が安泰になったとしたのなら、あまりにも清正の思考能力は浅いものである。

前田利家亡き後の清正は、家康に屈服してしまったが、清正や福島正則の豊臣恩顧の大名が団結しても、巨大になりすぎた家康に対抗できなかったのだろう。

秀頼と家康の会見後に、清正は肥後に帰る船中で発病し死亡してしまった。あまりにもタイミングがよかったため、家康による毒殺が噂されたが真相はわからない。だが清正の死によって、豊臣家が崩壊に一歩近づいたことは確かである。

豊臣家に忠誠無比とされる清正は、豊臣家の万一の場合を考えていたようだ。熊本城に「昭君の間」と呼ばれる一室があり、これは秀頼を迎えるためのものとされる。熊本清正の築城した熊本城の堅固さは、明治十年（一八七七）の西南の役で証明された。

かつて日本企業は社員を終身雇用したことで、社員も会社に忠誠心を持った。清正は自分を育ててくれた企業の恩を思い忠誠を示したが、家臣という多くの家族の生活も考えねばならず、自己の保身を選んだということだろう。

東軍

福島正則《ふくしままさのり》

尾張清洲二四万石⇩安芸広島四九万八〇〇〇石

家康に天下を取らせたという自負で自滅

秀吉に誰よりも優遇されながら家康に接近する正則

秀吉の母と福島正則の母は姉妹であるため、秀吉と正則は従兄弟《いとこ》という関係である。子どもの頃から粗暴な正則は、一二歳の時に喧嘩で人を殺したとされる。

一門衆のない秀吉には清正や正則は貴重な存在だが、近い血縁のためか正則は清正よりも優遇されていた。秀吉の小姓になると二〇〇石を給され、賤ヶ岳の戦いで柴田勝家の重臣拝郷家嘉《はいごういえよし》を討ち取り、「賤ヶ岳の七本鎗」として武名を謳われると、他の六人よりも多い五〇〇〇石を与えられている。

九州征伐後に伊予《いよ》国今治《いまばり》で一一万石を与えられ、文禄四年（一五九五）には尾張国清洲《きよす》城二四万石を与えられた。秀吉は武力で秀頼を擁護できるのは正則と清正と言い、正則に家康を牽制させたかったに違いないが、これを正則が理解していたのだろうか。

秀吉の死後に家康は勢力の拡大を図ったが、正則から家康に接近し家康養女の満天姫《まんてんひめ》を正則の養嗣子正之《まさゆき》に貰い受けた。秀吉に忠節を貫くはずの正則が、諸大名の私婚を禁じた秀吉の遺命に背いたのである。

石田三成が正則に抗議文を突き付けると、正則は「秀頼様の将来を考えてのことである」と弁明している。だが三成は「正則が考えられるのは、その程度のことだ。真に秀頼様のことを思うなら、家康を抹殺せねばならぬのに……」と思ったに違いない。

これらの家康の婚姻政策に、秀頼の傅役である前田利家が反発すると、利家の屋敷に石田三成をはじめ、大老の上杉景勝、毛利輝元、宇喜多秀家らが詰めかけた。家康の屋敷に馳せ参じたのは正則のほか池田輝政、黒田長政、藤堂高虎《とうどうたかとら》らであった。

だが前田屋敷には、正則の仲間である武断派の細川忠興、浅野幸長、加藤清正、加藤嘉明らも詰めかけており、正則は自己の利益のために独断する性格のようだ。

正則も含む武断派諸将は三成を豊臣家の奸臣としており、慶長四年（一五九九）の前田利家の死で調停する要が外れると、三成を取り除くことが秀頼のためになるとして行動を起こした。

この事件は徳川家康の仲介によって、武断派諸将が慰留されたが、家康の実力を確認させられることになった。その後家康は、武断派諸将の三成への悪感情を利用して、彼らと親交を深め、黒田長政は家康のために豊臣恩顧の大名たちの懐柔に動いていく。

正則の発言が関ヶ原で家康を勝たせた

家康が上杉討伐に出兵すると、正則もこれにしたがった。やがて上方で石田三成が家康討伐の兵を挙げたという情報が入り、家康は軍勢を反転させて三成と対決すると決意しているが、引き連れてきた諸大名たちを自陣営に取り込まねばならない。

正則は家康から意を受けた黒田長政から「家康殿は秀頼様を粗略にはあつかわぬと申しております」と聞き、三成の挙兵の意思が理解できない正則は、単純に三成を排除すれば、家康が秀頼を補佐し豊臣政権が維持されると信じたのである。

家康は三成が上方で挙兵したことを諸将に伝え「家康に付くか、三成に付くかは自由にされたい」と言った。諸将は家康の実力は知っていても、家康に付くことは豊臣家に弓を引くことになると恐れた。まして家康を前にして「それでは三成に加担します」とは言えず逡巡していた。

沈黙を破って発言したのは正則で「三成の挙兵は、まだ幼い秀頼様とは何ら関係がないことでござる。内府に喜んで加担しましょう」と家康に与することを宣言した。

秀吉からもっとも恩顧を受けた正則が、家康への加担を宣言したことは重く、衆議は「家康への加担」で一決した。単細胞とも思える正則であるから、家康にとってはあつかいやすく、意のままに動かすことができたのである。

諸将はただちに陣を払って西上し、正則は織田秀信《おだひでのぶ》の籠もる岐阜城攻めでは池田輝政と先陣を争って陥落させた。

関ヶ原合戦で、正則は先陣を引き受けて勝利し「俺が家康を勝たせたのだ」と自負したが、大津の徳川方陣屋で縛られた三成から「お前こそが裏切り者だ」と言われても言葉を返せなかった。

家康の神経を逆撫でする正則の行動が運命を決定した

関ヶ原合戦の直後に、正則は京都の養嗣子正之《まさゆき》の許へ佐久間加左衛門《さくまかざえもん》を使いに出した。だが家康の侍大将の伊奈図書《いなずしょ》が番所を作って通さず、佐久間は福島の家臣であると説いたが、番卒に侮辱されて帰ってきた。激怒した正則は佐久間に切腹させると、その首を家康の腹心井伊直政《いいなおまさ》に送り、伊奈の首との交換を求めたのである。

ここで正則を大坂に走らせては、情勢がどう転ぶかわからない。家康は関ヶ原の勝利を無にしないために、やむなく伊奈を切腹させて首を送ったので、正則は「これで恥をすすいだ」と喜んで納得したのだが、この時に正則の運命は決定された。

関ヶ原合戦後に家康の態度は一変した。正則は論功行賞《ろんこうこうしょう》で尾張清洲二四万石から安芸広島四九万八〇〇〇石に栄転した。だが、この論功行賞を秀頼からではなく家康から受けたことは、家康と主従関係を結んだことを意味した。

その上に豊臣家はわずか六五万石の一大名に落とされた。いかに正則でも三成に対する私憤から、うっかりと豊臣秀頼に不利なことをしてしまったと理解でき、己が家康の天下取りの野心に加担したことに気付いたが、もはや取り返しがつかない。

正則や清正らは石田三成を排除することを優先した。三成がいなくなれば家康が独裁することとは読めていただろうが、三成への憎しみの感情を抑えきれなかったのだ。

慶長八年（一六〇三）二月、家康が征夷大将軍に任じられた。家康は豊臣恩顧の大名たちの心情を和らげようと、秀吉との約束を守り秀忠の娘千姫と秀頼を結婚させた。この時に正則は他の大名たちに働きかけ、秀頼へ忠誠を誓う起請文を奉じている。

慶長十二年（一六〇七）には、養嗣子の正之が乱心したとして、家康の許しを得て死に追いやった。正之は家康の養女を妻としていたため、徳川と福島の婚姻関係は解消され、正則は徳川との絆を断った。翌年に大坂の秀頼が疱瘡《ほうそう》を患ったと知った正則は、家康を憚らずに急いで大坂に参上したことで、運命を決定的なものにした。

最後まで意地を貫いた正則

いよいよ家康が豊臣家の処分に踏み出すと、正則は大坂の陣になる前に、秀頼と淀殿の母子に「早く謝罪して、淀殿が徳川家の人質にならねば、大坂は滅ぼされる」という手紙を、家康の懐刀の本多正純に見せたうえで送っている。

豊臣と徳川の関係が決裂すると、正則は秀頼からの合力を求める親書の受け取りを拒絶したが、大坂屋敷に蓄えた八万石の米が大坂方に接収されても抗議しなかった。

大坂冬の陣で正則は次男の忠勝《ただかつ》を幕府軍として参加させたが、家康は正則を警戒し、江戸の留守居を命じながら、正則の屋敷を兵で囲ませた。

夏の陣で大坂城が落城して秀頼も自害し、豊臣家は滅亡した。正則は「三年遅すぎた。三年早すぎた」と言ったとされる。この意味を正則は説明していないが、三年前なら盟友の加藤清正も生きており、清正がいれば俺だってという思いだったと思われる。また三年も過ぎれば家康の寿命も尽きるとしたのだろう。

正則は徳川政権から、じりじりと破滅の淵に追いやられると「太閤様の御恩に背いて、家康に味方したためこういう結果になったのだ」と反省したに違いない。

元和二年（一六一六）四月に家康が死去するが、家康は「福島正則を改易するように」と遺言したという。元和五年（一六一九）に、正則は信州川中島四万五〇〇〇石への移封を命じられた。洪水で破損した広島城の修築願いを、前もって本多正純に口頭で伝えていたが、無断で修築したとされたのである。

幕府から広島城修築を糾弾されると正則は謝罪して認められていた。だが修築箇所を完全に破棄せず、何故か一部を残していたので、これを幕府は正則の反抗としたのである。国許の家臣たちは徹底抗戦の構えをとるが、正則は無血開城を命じた。

元和六年（一六二〇）に忠勝が早世すると、忠勝領の二万五〇〇〇石を幕府に返上し、正則は寛永元年（一六二四）に世を去った。

正則は遺体を検視される恥をさらしたくないと遺言したことで、家臣は幕府からの検使が来る前に、遺体を火葬にしていた。これに怒った将軍秀忠は福島家を消滅させた。正則は最期の抵抗をしていたのである。

戦国時代の武将は、企業の社長にたとえられることが多く、武将も社長も世渡りがうまくなければ、領国である会社や家臣である社員を守ることはできない。だが正則や清正の個人的な感情は、豊臣家を滅ぼしただけでなく自らも滅亡させたのだ。

彼らも多くの戦いを経験し、冷静に情勢を判断する能力があり、徳川の幕藩体制が築かれていく中で、軽率を慎まねばならないことも知っていた。正則は世渡りよりも意地や面目を優先して会社を潰し、社員を路頭に迷わせてしまったのである。

第五章

「敗者復活」を賭ける最後の舞台になった大坂の陣

敗軍諸将が復活を賭けた大坂城（再建）

必死で忠誠心を見せた外様大名たち

大坂の陣が最後の大きな戦いになることは、誰もがわかっていた。関ヶ原合戦で敗者になった者たちには、復活を賭けたものになり、勝者になった者にも、徳川《とくがわ》幕府に忠誠心を見せるための必死の戦いになった。

豊臣秀頼《とよとみひでより》から、大坂入城を誘う書簡を受けた豊臣恩顧の細川《ほそかわ》、浅野《あさの》、山内《やまうち》、蜂須賀《はちすか》など西日本の大名たちは、駿府の家康《いえやす》の下に駆け付けて、家康からの命令を待った。

蜂須賀家政《いえまさ》は豊臣家の使者に「われは無二の関東一味なり」と断り、薩摩の島津家久《しまづいえひさ》は「道理からすれば秀頼にしたがうべきだが、太閤《たいこう》から受けた恩義は関ヶ原合戦で済んでいると考える。すでに家康殿から相当の恩顧を受けており、背くことは考えられない」と言った。このことは豊臣恩顧の大名たちの心情を代弁していた。

家康は大坂に向かうにあたり、福島正則《ふくしままさのり》、黒田長政《くろだながまさ》、加藤嘉明《かとうよしあき》に江戸から離れることを禁じた。彼らが大坂に向かえば、そのまま大坂城に入ってしまうと懸念し、大坂方と本気で戦うことはないだろうと見たのである。

黒田長政は関ヶ原合戦の直前に、家康の意向を受けて福島正則や小早川秀秋《こばやかわひであき》、吉川《きっかわ》広家《ひろいえ》らを家康陣営に引き込む働きをしていたが、その長政ですら徳川幕府から「信用していないぞ」とされたのである。大坂夏の陣では黒田長政と加藤嘉明は出陣を許されたが、福島正則は江戸に抑留されたままであった。『浅野家文書』によれば、浅野長晟《ながあきら》が彼らに同情し、手紙を出して慰めようとしたが、世間から疑わしい目で見られるため、思いとどまったとしている。そして長晟は豊臣家からの使者を斬り、徳川への忠誠を見せていた。

夏の陣では大坂城が裸城になっており、家康も「三日分の腰弁当で十分」としており、短期で勝負が決するはずだ。冬の陣で戦功を挙げられなかった大名の中には、独自の判断で京都に兵を送り、今度こそはという焦りもあった。外様大名たちは、求められた軍役以上の兵を引き連れ、合戦の場では徳川譜代の軍監が目を光らせているため、懸命に働かねばならなかった。

藤堂高虎《とうどうたかとら》は秀吉《ひでよし》の生前から家康に接近し、関ヶ原合戦では家康が到着するまで東軍先鋒隊の独走を引き止め、徳川譜代の軍議にも加えられ「準譜代」とされていた。そんな高虎でも夏の陣の八尾《やお》・若江《わかえ》の戦いでは、武将六人を含む三百余の犠牲を出し、必死の忠誠心を見せていたのである。

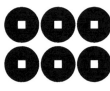

大坂方

真田信繁《さなだのぶしげ》

最後の賭けで家康本陣に迫る日本一の兵《つわもの》

関ヶ原敗戦後、九度山蟄居⇩大坂入城⇩戦死

受け容れられなかった必勝の策

「真田三代」と言えば、幸隆《ゆきたか》、昌幸《まさゆき》、信繁を指し、徳川政権の中で真田家を確立した信之《のぶゆき》（信幸）の系統とは別である。昌幸は徳川秀忠《ひでただ》の徳川本軍を関ヶ原の本戦に遅参させたことで、信繁や一六人の家臣とともに高野山の麓の九度山《くどやま》に蟄居させられた。

慶長十六年（一六一一）六月に、昌幸は死亡するが、昌幸は生前に徳川と豊臣は手切れになると予測し、豊臣方必勝の秘策を信繁に授けたが「これは名のないお前が献策しても、受け容れられないだろう」としていた。残された信繁は、信之に金を送ってくれと頼んだり、近在の村人に焼酎《しょうちゅう》を無心するほど生活に困窮していた。

慶長十九年（一六一四）に、豊臣家と徳川幕府の関係が決裂すると、信繁に大坂城から密かに使者が訪れた。信繁に大坂城への入城を要請し、支度金として金二〇〇枚と銀三〇貫を積み上げ、勝利の報酬に五〇万石を提示した。父が予測した展開になり、流人で終えねばならないとしていた信繁の闘志に火が点いた。

だが入城を約束しても配所を立ち退くのは難しい。信繁は九度山村の者を集めて饗応し「この度、大坂に招かれたので武士として応じたい。そうなれば親切にしてくれた村の者に迷惑がかかり、咎められるであろう」と胸中を打ち明けると、庄屋は困窮生活をしていた信繁が饗応することで事情を察しており「申し開きをしますので、見事に戦ってください」と言い、村の若者たちを従者に付けて送り出してくれた。

信繁は周辺の村々に分散させていた旧臣一五〇人ほどを率いて大坂城に入ると、軍議で父昌幸から伝授された積極的な野戦策を主張した。それは主力が山崎《やまざき》で徳川軍を待ち構え、信繁が別働隊を率いて美濃《みの》で敵を迎え撃って、足止めさせて退却する。そして瀬田《せた》と宇治《うじ》の大橋を破壊し、京都を焼き払って伏見城を落とす。この緒戦の勝利を喧伝すれば西国の豊臣恩顧の大名たちも味方になるというものである。

これには長宗我部盛親《ちょうそかべもりちか》、毛利勝永《もうりかつなが》、後藤基次《ごとうもとつぐ》らの歴戦の武将も賛同したが、豊臣家譜代の大野治長《おおのはるなが》らは、信之の真田隊が徳川方に加わっているために猜疑し、父の推測どおりに受け容れられなかった。信繁は救援の見込みのない籠城に不満だが、積極的な籠城として城南の総堀の外に突出させた出城の「真田丸」を築く許可を得た。

真田丸は、武田流築城術の丸馬出《まるうまだし》という半円形のもので、南北二二一メートル、東西一四二メートルの規模である。外の三方に空堀、中央に水堀を構えて逆茂木《さかもぎ》を植えた。巡らせた土塀の要所に櫓《やぐら》を建て、二段に設けた犬走《いぬばし》りに狭間《さま》を開け、鉄砲の集中活用を図るものだった。

慶長十九年（一六一四）十一月から始まった大坂冬の陣では、徳川軍の前田利常《まえだとしつね》、井伊直孝《いいなおたか》、松平忠直《まつだいらただなお》、藤堂高虎らの隊が真田丸に殺到した。真田勢は真田丸に籠もって徳川方に大打撃を与え撃退した。徳川方の島津家久は「真田日本一《ひのもといち》の兵《つわもの》。昔からの物語にもないことと評判である」としている。

攻めあぐねた家康は和議を持ちかけた。大坂城の浪人の多くは和議に反対だったが、信繁は大坂城内に疑わしい者がおり、家康は高齢でもあり時を待つのも一策とした。

秀頼は主戦を唱えていたが、備前島から撃たれたカルバリン砲の一弾が、淀殿《よどどの》の居室に命中して侍女が即死したため、ショックを受けた淀殿が和議に前向きになっていた。淀殿の叔父織田有楽《うらく》と子の頼長《よりなが》、甲州流軍学者の小幡景憲《おばたかげのり》などは、スパイとして大坂城に送り込まれており、彼らは淀殿の居室の位置を知らせていたと思われる。開戦半月後に和議が成立したが、大坂城の一部の堀を埋めることを条件にしていた。

信繁は家康の首だけを狙った

和議の間に信繁は、信之の名代として徳川方で参戦した信吉《のぶよし》と信政《のぶまさ》の二人の甥と面会した。二人の甥には徳川方を撃退した信繁が誇りであった。また家康は叔父の真田信尹《のぶただ》を通じ、信繁に一〇万石を提示して勧誘した。信繁がこれを断ると家康は信濃一国という条件を出してきたが、信繁は「秀頼公へ忠義を尽くしたい」とした。この間にも信繁は、家康と秀忠の陣に夜襲を提案したが受け容れられなかった。

家康は和議条件を守らず大坂城の総堀を埋めて丸裸にしたうえで、秀頼が大坂城を退去するか、浪人を追放するかを選べと要求してきた。追い詰められた秀頼は、再戦を決意するが、希望のない戦いに一〇万の兵力も五万五〇〇〇ほどになっていた。

慶長二十年（一六一五）四月二十六日に、大坂方の大野治房《はるふさ》が大和に攻め入ったことで、大坂夏の陣の火蓋は切られた。大坂方は大坂城を出て戦わねばならず、兵力の多さが勝敗を決する野戦で、大坂方の武将たちは次々と討死していった。

最期の決戦となる五月七日、大野治長が信繁の茶臼山《ちゃうすやま》の陣を訪れ、最後の作戦を打ち合わせた。信繁は逆転を狙って〝家康の首〟を取ることだけに目標を定め、残された兵力を集結させて大軍を引き受け、その間に別働隊を敵の背後から奇襲させるという秘策を開陳し、秀頼公の出馬があれば敵は萎縮し、味方は士気を上げ勝てるとした。

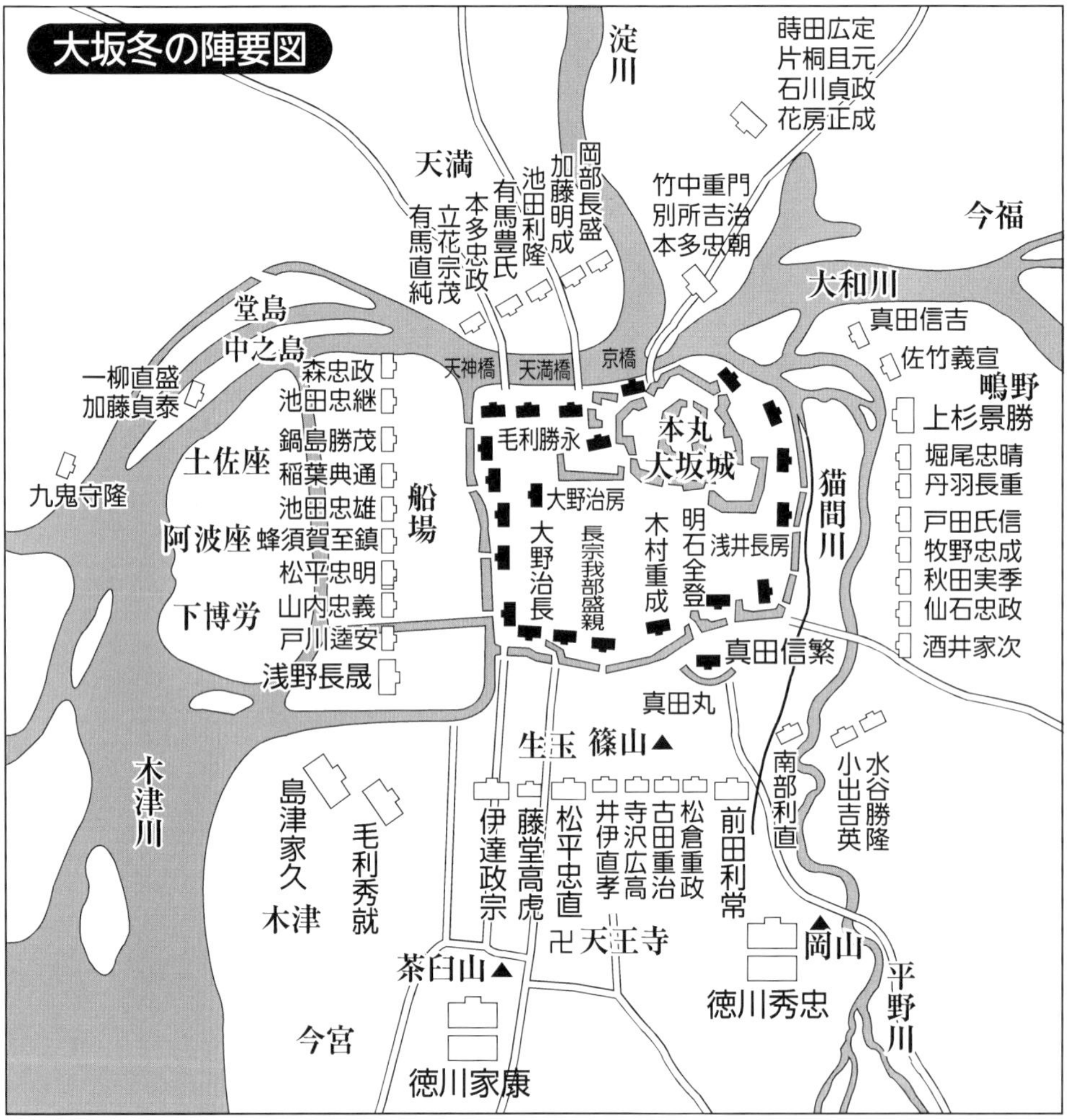

大坂冬の陣要図

赤一色に染め抜いた真田隊は、味方の損害にもかまわず突入し、敵中で「浅野殿裏切り」と叫ばせたので、敵陣は大混乱に陥った。その隙に乗じて家康の本陣へ三度にわたって突き入ると、家康の旗本は逃げ散り、一人残された家康は「俺は死ぬ」と叫んだという。

家康の危機に徳川方が駆け付け、信繁はついに家康を捉えることはできなかった。信繁は疲れ果てて全身に傷を負い、四天王寺付近の安井《やすい》神社境内で、動けな

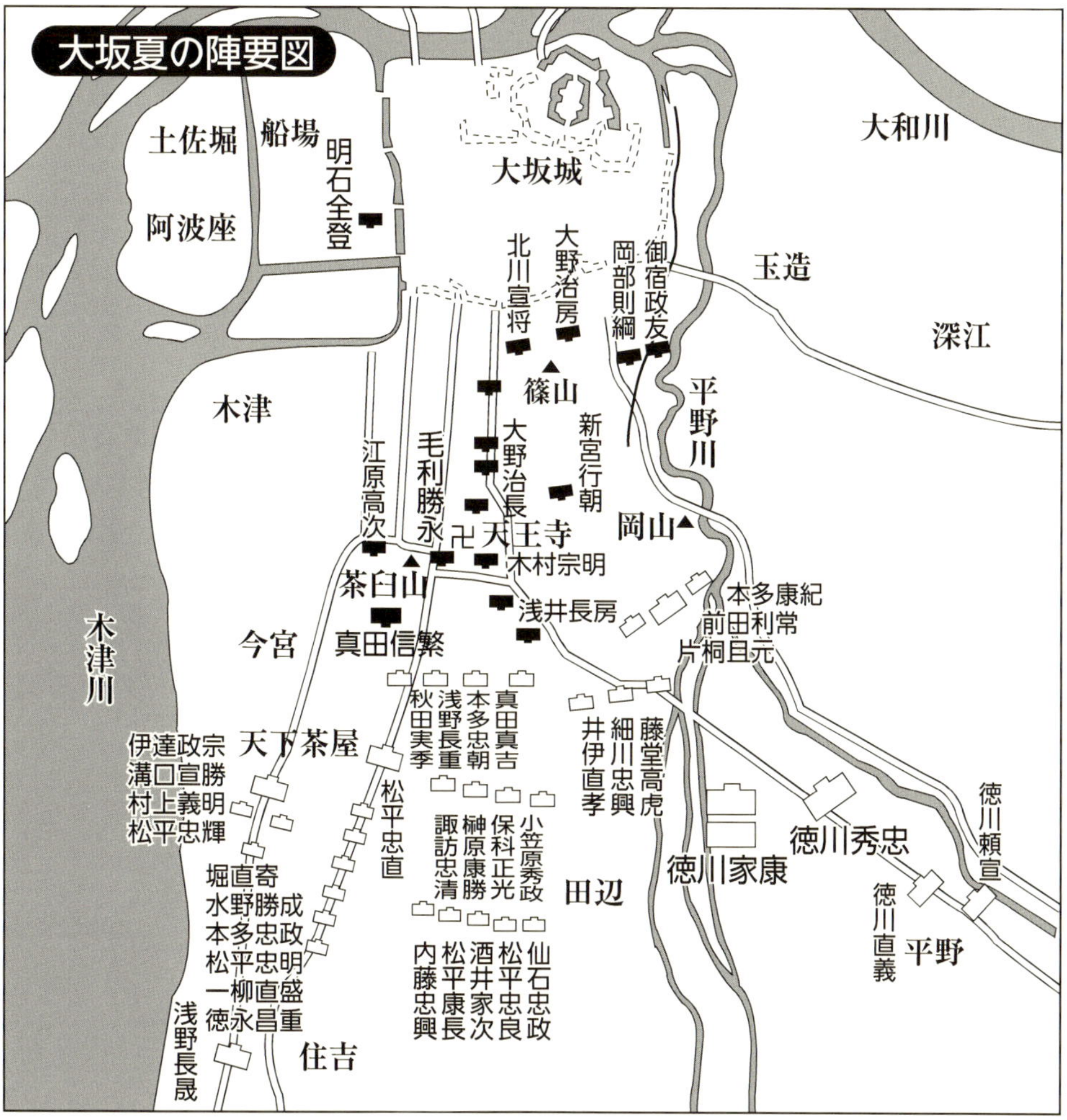

い身体を休めていた。やがて越前の松平忠直の兵が押し寄せ、鉄砲頭の西尾仁左《にしおにざ》衛門《えもん》に首を与えた。

信繁の首は家康に首実検され、家康を見捨てて逃げ散った旗本たちに「お前たちも真田にあやかれ」と言って、信繁の髪の毛を抜いて分け与えたという。

大坂城は翌日に炎上して落城した。信繁は徳川治世の中でも「日本一の兵」と称えられ、希望が失われた人生の最期に、武人としての名を挙げることができた。

大坂方

毛利勝永《もうりかつなが》

関ヶ原敗戦後、土佐に蟄居⇩大坂入城⇩自刃

妻に背を押され華々しく散った武将

妻に励まされ大坂入城を決意した勝永

毛利勝永の父勝信《かつのぶ》（吉成《よしなり》）は、尾張出身で早くから秀吉に仕え、秀吉親衛隊の黄母《きぼ》衣《ろ》七騎の一人であった。勝信は秀吉の九州平定に功があり、豊前国小倉《こくら》城六万石を与えられた。勝信は森姓であったが、九州北部に影響力を持つ中国の毛利氏にあやかり、領民が素直にしたがうようにと秀吉が配慮し、毛利姓に改称している。

朝鮮出兵で勝信は四番隊の主将として、島津義弘《よしひろ》ら南九州勢を率いて渡海した。勝信は常に子の勝永をともない、実戦で将としての心得を教え、胆力を練らしていた。

石田三成《いしだみつなり》が反徳川家康の挙兵をすると、勝信と勝永の父子は、毛利輝元が総帥である西軍に迷うことなく与した。勝信は豊前の領地を守ったが、勝永は家康方の伏見城を攻撃し、関ヶ原合戦では安国寺恵瓊《あんこくじえけい》の指揮下に入って南宮山《なんぐうさん》の麓に陣取るが、吉川広家が東軍と内応して動かず、戦闘に参加する機会を与えられずに終わった。

領国の勝信は旧知の黒田如水《くろだじょすい》から石田方の敗北を知らされた。家康から豊前一国切り取り自由を受けた如水の説得に応じ、徳川家康への取り成しを依頼して投降した。

勝信と勝永の父子は領地を没収され、肥後に送られて加藤清正に預けられ、その後に新たに土佐藩主となった山内一豊《かずとよ》に預けられた。豊臣政権の中で、勝信は一豊の上役であったため面倒を見てきた経緯があり、大坂で軟禁状態にあった一豊の妻を、勝永が保護するために奔走しており、一豊は勝信と勝永父子に恩があったのだ。

勝信は一豊から一〇〇〇石の封地を与えられ、高知城の西の丸の屋敷に住んで静かに世を過ごし、慶長十六年（一六一一）に死去する。勝永は高知郊外に居住し、勝永の弟は山内姓を与えられて山内吉近《よしちか》を名乗るなど、流罪人として異例の厚遇を受けていた。

勝永は何の展望も開けぬ現状に鬱々として過ごしていたが、慶長十九年（一六一九）十月、秀吉の遺児秀頼がついに徳川幕府と対決する腹を括った。豊臣家は各地の豊臣恩顧の大名たちに救援を求め、勝永の許にも豊臣方からの密使が送られてきた。

勝永は、大坂に入城したいと思うが、土佐に残していく妻子が不幸な運命に見舞われるのは明らかで、覚悟が定まらなかった。勝永は妻に「関ヶ原以来、妻子には苦労をかけてきたが、秀頼さまからお召しがあった。太閤さまの御恩を思えば出陣せねばならぬが、お前たちにこれ以上の苦労をかけるのはしのびない」と打ち明けた。

この時、勝永の妻は気丈にも「武士たるものが、妻子への情にほだされ武名を汚すことは恥ずべきことです。万一あなたが討死したら、私も後を追って土佐の海に身を投げましょう」と言って励ましたのである。

大坂方で随一の戦いをした勝永

妻から背中を押された勝永は、留守を預かる一豊の弟山内康豊《やすとよ》に面談し「幕府方で上方にいる藩主の山内忠義《ただよし》とは、若い頃に契りを交わし、互いに困難に直面したら身命を賭けて助け合う約束をしている」と、忠義の陣に行かせてほしいと頼んだ。

康豊がやむなく了承したことで、勝永は嫡男の勝家を密かに連れ出し、妻と次男を人質に残して海路を大坂へ向かった。毛利勝永と勝家の父子が大坂城に入城したと判明すると、山内家は勝永の妻や次男らを捕縛した。山内家がこの経緯を幕府に報告して処理を仰ぐと、家康は「丈夫の志のある者なら、誰もがそうするだろう。勝永の妻子を罰してはならない」と寛容な判断をした。

勝永は豊臣家の譜代家臣であり、秀頼からの信望を受けて五〇〇〇の兵を預けられ、大坂城の五人衆の一人とされた。勝永は真田信繁らとともに積極的な出撃策を唱えたが容れられなかった。冬の陣の籠城戦では活躍する場はなく、間もなく和平となった。

翌年の夏の陣で勝永は天王寺口を守備したが、五月六日に大坂城東南の道明寺《どうみょうじ》口に後藤基次隊、真田隊と合流し、狭隘な地で徳川軍を迎え撃つために出撃した。だが勝永隊と真田隊は濃霧で予定戦場への到着が遅れ、その間に後藤隊は単独で徳川軍と対戦して壊滅していた。

翌日に徳川方は大坂城に総攻撃を仕掛けた。真田信繁と勝永は、もはや今日限りと味方の主力を茶臼山に集めて敵を引き付け、別働隊に敵の背後から攻撃させる策を立て、秀頼公の出陣があれば家康を討ち取ることもできるとした。

天王寺周辺に陣を敷く勝永の隊に、本多《ほんだ》忠勝《ただかつ》の次男の本多忠朝《ただとも》が突撃してきたところを左右から包んで討ち取り、信濃国松本城主小笠原《おがさわら》秀政《ひでまさ》と忠脩《ただなが》の親子を討ち取った。ここで秀頼が出馬すれば勝利を得ることもできると思われた。

勝永は秀頼から拝領した錦の陣羽織を身につけ、馬上から見事な采配を振っていた。鮮やかな勝永の指揮ぶりに、黒田長政が加藤嘉明に「あの大将は誰だ」と聞くと、嘉明は「あれこそ毛利勝信の嫡男勝永ぞ」と応えた。長政は「ついこの前まで子どもであった勝永が……」と感嘆したという。勝永の旧臣も駆け付けただろうが、多くは与えられた浪人衆で、それを見事に纏めた勝永は、秀でた将器の持ち主に違いない。

敵を驚かせた勝永の戦いぶりは、余勢を駆って一時は家康の本陣に迫ったが、家康は真田信繁の猛攻を受けて逃げ去った後だった。秀頼はついに戦場に現れず、大坂方は壊滅状態に陥り、徳川方の兵が勝永に群がって襲いかかってきた。勝永は群がる敵を防ぎ、藤堂高虎隊を撃退し豊臣方で随一の活躍をして大坂城に帰還した。

勝永は秀頼と淀殿に付き添ったが、内通する者が台所に放火したため本丸から山里郭へ秀頼母子を避難させた。豊臣方は秀頼母子の助命を嘆願したが、徳川方は山里郭へ一斉射撃をして返事とした。城が炎上する中で秀頼の自害を勝永が介錯したとされている。勝永と勝家の父子も後を追い、大坂の陣は終結した。

夫の死を知った勝永の妻は自害し、次男の鶴千代は京に送られて処刑された。家族を悲惨な結末にさせてしまったが、大坂の陣がなければ毛利勝永の存在は、広く知られることはなかっただろう。勝永は家の再興はならなかったが、武将としての意地を見せることができた。

現代のわれわれは、妻子を平和に生活させるために日々努力しており、とても当時の武人を見習うことはできない。だが勝永が武将として、最後の華を咲かせることができたことは理解できる。

大坂方

明石全登《あかしたけのり》

キリシタン浪人を率いて戦った老武将

宇喜多家臣三万三〇〇〇石⇩関ヶ原敗戦逃亡⇩大坂入城⇩消息不明

キリシタン組織に深く関わっていた全登

明石全登の明石氏は、もとは播磨国明石郡の国人で赤松《あかまつ》氏に仕えたが、その庶流が備前国へ流れ台頭した宇喜多《うきた》氏に臣従した。宇喜多直家《なおいえ》が没すると宇喜多家重臣として幼い秀家《ひでいえ》を支えていた。

備前には相当数のキリシタンがいたようで、全登も秀家の従兄弟の浮田左京亮《さきょうのすけ》もキリシタンとして知られる。南蛮《なんばん》貿易を重視する豊臣秀吉だが、ポルトガル商人が日本人を奴隷として海外に売っていることを知り、バテレン追放令を発布した。

慶長元年（一五九六）に、大坂と京都で捕縛したバテレン二六人を、全登が長崎まで護送した。彼らは殉教した二六聖人とされるが、全登は彼らを待遇よくあつかったため、全登の名は宣教師を通じてヨーロッパにまで伝えられた。

慶長四年（一五九九）の宇喜多家騒動で重臣たちが出奔すると、全登が宇喜多家中を取り仕切った。翌年の関ヶ原合戦で全登は、宇喜多勢先鋒の八〇〇〇を率いて福島正則隊と戦った。宇喜多勢は善戦していたが、小早川秀秋の裏切りで西軍は崩壊した。激怒する秀家を宥《なだ》め、大坂へ退くように進めて伊吹山に逃走させた。

全登は岡山に逃走したが、岡山城はすでに東軍が入り秀家とも連絡が取れなかった。黒田如水の弟黒田直之《なおゆき》は熱心なキリシタンで、全登を匿《かくま》ったとされている。如水の子の長政がキリスト教を禁止すると、全登は柳川《やながわ》の田中忠政《たなかただまさ》を頼ったようだ。

日本では最初にカトリックのスペインやポルトガルが入国して布教し、多くの戦国大名が信者になった。遅れてプロテスタントのイギリスやオランダが貿易を名目にして接近してきたことで、欧州での宗教問題が日本に持ち込まれていたのである。

家康はイギリス人のウィリアム・アダムス（三浦按針《みうらあんじん》）を家臣としていたが、慶長十七年（一六一二）に、キリスト教の禁止を徹底させた。全登は庇護してくれた大名の下を去らねばならず、豊臣秀頼から援助を受けていたとされる。

信仰のために戦った全登

慶長十九年（一六一四）に大坂冬の陣が起こった。すでに六〇歳ほどであった全登は、八丈島に流された主君の宇喜多秀家を救出する願望もあり、豊臣家がキリシタンの自由信仰を約束したことで、追い詰められていたキリシタン浪人二〇〇〇人を率いて大坂城に入城した。全登の母と娘も入城し傷病兵の看護をしたとされる。

大坂城にはイエズス会士二人、フランシスコ会士二人、アウグスティノ会士一人と日本人司祭二人の宣教師も入城していた。彼らは家康がキリシタンを弾圧すると、秀頼を正統な支配者として、秀頼の世の到来を願って大坂城に入ったのである。

慶長二十年（一六一五）の夏の陣では、全登は道明寺《どうみょうじ》の戦いに加わり、水野勝成《みずのかつなり》隊や伊達政宗《だてまさむね》隊と交戦して混乱に陥れたが、後藤基次が戦死し全登も負傷していた。最後の決戦で全登は、船場《せんば》から天王寺に移動し、蒲生氏郷《がもううじさと》の旧臣小倉行春《おぐらゆきはる》とともに、三百余人の決死隊を率いて、戦場を迂回して家康本陣へ背後からの突入を狙った。だが天王寺口で友軍が壊滅しており、松平忠直や藤堂高虎の軍勢から包囲されかかった。全登はこれを突破して戦場を離脱したようだ。戦後に幕府は二度までも「明石狩り」をしており、全登の生存を恐れていた。

徳川方の複数の家伝では、水野勝成の家臣が全登を討ち取ったという記述もあるが、全登は嫡子の内記《ないき》とともに九州から南蛮に逃亡したのであろうと書かれたものもあり、最後ははっきりしない。

浪人たちと大坂落城後に大名に返り咲いた者たち

秀頼が頼みとした豊臣恩顧の大名たちは、誰一人として大坂城に駆け付けなかった。籠城を決意した豊臣方の戦力は、譜代として七手組のほかに大野治長と治房、木村重成《きむらしげなり》、薄田兼相《すすきだかねすけ》、淀殿の従姉弟の浅井長房《あざいながふさ》、信長の妹お犬の方を妻にした細川昭元《あきもと》の子頼範《よりのり》、山名祐豊《やまなすけとよ》の子尭熙《あきひろ》、生駒氏の一門である生駒正純《まさずみ》、赤座直規《あかざなおのり》などがいたが、巨大な大坂城を守備するには足りず、募集した諸国浪人たちは一〇万人に達した。

浪人には関ヶ原合戦で封地を失った真田信繁、長宗我部盛親、毛利勝永、明石全登のほかに、伊勢桑名を領した氏家行広《うじいえゆきひろ》、細川忠興《ほそかわただおき》の子興秋《おきあき》、青木一矩《あおきかずのり》の孫久矩《ひさのり》、仙石《せんごく》秀久《ひさひで》の子秀範《ひでのり》、大谷吉継《おおたによしつぐ》の子吉治《よしはる》、増田長盛《ましたながもり》の子盛次《もりつぐ》、十河存保《そごうまさやす》の子存英《まさひで》、家康の重臣であった石川数正《かずまさ》の子康長《やすなが》と康勝《やすかつ》や黒田長政と険悪になり退去した後藤基次も入城した。これらの大名や大名の子たちは、名を惜しんで必死の戦いをした。

七手組の将の一人である青木一重《あおきかずしげ》は、かつて家康に仕え、姉川の戦いで朝倉《あさくら》方の猛者真柄十郎左衛門《まがらじゅうろうざえもん》の子隆基《たかもと》を討ち取ったとされる。その後丹羽長秀《にわながひで》に仕えたが秀吉にヘッド・ハンティングされ、摂津豊島郡などで一万石を給されていた。

一重は大坂の陣の前に秀頼の使者として駿府に赴き、和議交渉をした帰路に京都で板倉勝重《いたくらかつしげ》に捕らえられて抑留された。そのため大坂の陣に参加できず、養子の正重《まさしげ》が指揮を執って夏の陣を大坂方で戦った。一重は豊臣家滅亡後に隠棲したが、家康に召し出され、摂津麻田《あさだ》で一万二〇〇〇石を与えられた。

一重の弟の重隆《しげたか》は、三方ヶ原の戦いで敗走する家康の馬前で武田方に討ち取られており、もう一人の弟可直《よしなお》は家康の旗本であったことで、返り咲くことができたようだ。

だが大坂城には、淀殿の叔父織田有楽のように、堂々とスパイ活動をしていた者もいる。有楽は関ヶ原合戦を東軍で戦い、家康から大和内で三万二〇〇〇石を与えられた。その後は姪の淀殿を補佐するとして大坂城に入ったが、情報を家康に流していた。大坂夏の陣直前に「自分の役目は終わった」と、家康の許可を得て大坂城を抜け出し本領を安堵された。淀殿の親族ですらこうなのである。

また、豊臣家直臣の七手組の将伊東長実《いとうながざね》は、秀吉から備中河辺《かべ》で一万三〇〇〇石を与えられたが、上杉征伐に向かった徳川家康に石田三成の挙兵を知らせていた。大坂の陣では大坂方で戦い、七手組の速水守久《はやみもりひさ》ら四将は討死したが、長実は生き延びて所領は安堵された。この異例な処置で長実はスパイではないかとされている。

関ヶ原合戦で失領した大名たち

大名	所領名・禄高	その後
青木一矩	越前北ノ庄二〇万石	
青山宗勝	越前丸岡四・六万石	
赤座直保	越前今庄二万石	前田氏に仕官
赤松則英	阿波住吉一万石	
蘆名義広	常陸江戸崎四・五万石	佐竹氏に仕官
荒木重堅	因幡若桜二万石	
安国寺恵瓊	伊予国内六万石	
池田長政	備中松山一万石	
池田秀氏	伊予大洲二万石	藤堂氏に仕官
石川貞清	尾張犬山一・二万石	旗本五〇〇石
石川貞通	山城国内一・二万石	南部氏に仕官
石川頼明	播磨国内一・二万石	
石田正澄	近江国内二・五万石	
石田正継	近江国内三万石	
石田三成	近江佐和山一九・七万石	
伊藤長俊	不明二万石	
伊藤盛正	美濃大垣三・四万石	前田氏に仕官
上田重安	越前国内一万石	浅野氏に仕官
宇喜多秀家	備前岡山五七・四万石	八丈島に流罪
氏家行継	近江国内一・五万石	細川氏に仕官
氏家行広	伊勢桑名二・二万石	
宇多頼忠	大和宇多一・三万石	
太田一吉	豊後臼杵六・五万石	
大谷吉継	越前敦賀五万石	
岡本良勝	伊勢亀山二・二万石	
小川祐忠	伊予今治七万石	
奥山正之	越前国内一・一万石	
織田秀雄	越前大野五万石	旗本三〇〇〇俵
織田秀信	美濃岐阜一三・三万石	
小野木重勝	丹波福知山四万石	
小野寺義道	出羽横手三・一万石	
菅達長	淡路岩屋一・五万石	藤堂氏に仕官
垣見一直	豊後富来二万石	
垣屋恒総	因幡浦住一万石	
糟屋武則	播磨加古川一・二万石	旗本五〇〇石
堅田広澄	近江堅田二万石	
川口宗勝	伊勢国内一・八万石	旗本二五〇〇石
河尻秀長	美濃苗木一万石	
岸田忠氏	大和岸田一万石	
木下一元	不明二万石	
木下勝俊	若狭後瀬山八万石	
木下俊定	丹波国内一万石	
木下延重	播磨国内二万石	
木下頼継	越前国内二・五万石	
木村秀望	豊後国内一・四万石	
木村由信	越前国内一万石	
熊谷直盛	豊後安岐一・八万石	
小西行長	肥後宇土二四万石	
斎村政広	但馬竹田二・二万石	

佐藤方政	美濃上有知二万石	
真田昌幸	信濃上田三・八万石	
新庄直忠	近江新庄一・四万石	
杉若氏宗	紀伊田辺一・九万石	
鈴木重朝	不明一万石	伊達氏の食客
多賀秀種	大和神楽岡二万石	前田氏に仕官
高木守之	美濃高須一万石	堀尾氏の食客
高田治忠	丹波国内一万石	
高橋直次	筑後内山一・八万石	旗本五〇〇〇石
多賀谷重経	常陸下妻六万石	
田丸直昌	美濃岩村四万石	越後に流罪
筑紫広門	筑後山下一・八万石	加藤氏に仕官
長宗我部盛親	土佐浦戸二二・二万石	
寺田光吉	大和国内一・五万石	
寺西是成	越前国内一・〇七万石	
寺西直次	伊勢国内一万石	前田氏に仕官
戸田重治	不明一万石	
戸田重政	越前安居一万石	
中江直澄	不明一万石	陸奥へ配流
長束直吉	近江国内一万石	
長束正家	近江水口一二万石	
南条元忠	伯耆羽衣石六万石	
丹羽長正	越前東郷五万石	
野村直隆	近江国友二万石	
服部正栄	近江国内一万石	
早川長政	豊後府内二万石	

速見時行	近江国内一万石	
原長頼	美濃太田山三万石	稲葉氏に仕官
樋口雅兼	近江国内一・七万石	
平塚為広	美濃垂井一・二万石	
福原直高	豊後臼杵六万石	
藤掛永勝	丹波上林一・五万石	旗本四〇〇〇石
堀内氏善	伊勢新宮二・七万石	加藤氏に仕官
前田利政	能登七尾二一・五万石	
増田長盛	大和郡山二〇・三万石	
松浦秀任	伊勢井生一・一万石	
松浦宗清	伊勢井生一万石	
丸毛兼利	美濃福束二万石	前田氏に仕官
溝江長逸	越前金津一・〇七万石	井伊氏に仕官
宮部長煕	因幡鳥取一三万石	陸奥へ配流
毛利秀秋	信濃国内一万石	
毛利秀包	筑前久留米一三万石	
毛利勝信	豊前小倉六万石	
安見勝之	伊予麻布一万石	前田氏に仕官
矢部定政	不明一万石	
山川朝信	下総山川二万石	結城氏に仕官
山口修弘	加賀国内一万石	
山口宗永	加賀大聖寺五万石	
山崎定勝	伊勢竹原一万石	
山中長俊	摂津国内一万石	
横浜茂勝	播磨国内一・七万石	

所領を安堵された西軍大名たち

大名	所領名・禄高
秋月種長	日向高鍋三万石
生駒親正	讃岐高松一七・一八万石
稲葉貞通	美濃郡上八幡四万石
稲葉通重	美濃清水一・二万石
織田信包	丹波柏原三・六万
片桐且元	大和竜田二・八万石
片桐貞隆	播磨国内一万石
木下家定	備中足守二・五万石
小出秀政	和泉岸和田三万石
小出吉政	但馬出石六万石
相良頼房	肥後人吉二万石
杉原長房	但馬豊岡二万石
島津義弘	薩摩鹿児島五五・九万石
相馬義胤	陸奥小高四・八万石
宗義智	対馬府中 一万石格
高橋元種	日向縣五・三万石
谷衛友	丹波山家一・六万石
鍋島直茂	肥前佐賀三五・七万石
長谷川守知	美濃国内一万石
長谷川宗仁	越前国内一万石
蜂須賀家政	阿波徳島一八・六万石
別所吉治	丹波国内一・五万石
前田玄以	丹波亀山五万石
松浦久信	肥前平戸六・三万石
宮城豊盛	豊後日田二万石
毛利高政	豊後国内二万石
脇坂安治	淡路洲本三・三万石

所領を減封された西軍大名たち

大名	所領名・禄高	新所領名・禄高
上杉景勝	陸奥会津一二〇万石⇩	出羽米沢三〇万石
朽木元綱	近江朽木二万石⇩	〇・九五九万石
佐竹義宣	常陸水戸五四万石⇩	出羽久保田二〇・五万石
毛利輝元	安芸広島一二〇・五万石⇩	長門萩三六・九万石
※豊臣秀頼	各地で約二〇〇万石⇩	摂津、和泉、河内六五万石

所領を没収されたが復活した西軍大名たち

大名	所領名・禄高	新所領名・禄高
岩城貞隆	陸奥岩城平一二万石⇩	信濃中村一万石
織田信雄	大和国内一・八万石⇩	大和国内など五万石
木下利房	若狭高浜二万石⇩	備中足守二・五万石
来島康親	伊予風早一・四万石⇩	豊後森一・四万石
新庄直頼	摂津高槻二・六万石⇩	常陸麻生三・三万石
滝川雄利	伊勢神戸三万石⇩	常陸片野二万石
竹中重利	豊後高田一・三万石⇩	豊後府内二万石
立花宗茂	筑後柳川一三・二万石⇩	筑後柳川一〇・九万石
丹羽長重	加賀小松一二・五万石⇩	陸奥白河一〇・〇七万石
蒔田広定	伊勢雲出一万石⇩	備中浅尾一万石
山崎家盛	摂津三田二・三万石⇩	因幡若桜三万石

所領を加増された西軍大名

大名	所領名・禄高	新所領名・禄高
小早川秀秋	筑前名島三五・七万石⇩	備前岡山五五万石

【参考文献】

二木謙一著『おどろき日本史 合戦の舞台裏』(三笠書房)／二木謙一著『信長・秀吉・家康に学ぶ成功哲学』(三笠書房)／二木謙一著『徳川家康』(ちくま書房)／二木謙一著『城が見た合戦史』(青春出版社)／二木謙一著『関ヶ原合戦 戦国のいちばん長い日』(中公新書)／二木謙一著『大坂の陣 証言・史上最大の攻防戦』(中公新書)／二木謙一著『合戦の文化史』(講談社学術文庫)／二木謙一監修『知れば知るほど面白い! 「その後」の関ヶ原』(実業之日本社)／二木謙一・津本陽著『天下人の夢』(実業之日本社)／二木謙一・古川薫・津本陽・光瀬龍・大和勇三著『運命を決する頭脳戦略 関ヶ原の戦い』(世界文化社)／津本陽著『歴史を動かした 武将の決断』(世界文化社)／津本陽著『風流武辺』(朝日新聞社)／海音寺潮五郎著『武将列伝』(文春文庫)／河合敦著『河合敦の思わず話したくなる戦国武将』(日本実業出版社)／河合敦著『なぜ、あの名将は敗れたのか 失敗から学ぶ「敗軍の将」23の教訓』(洋泉社)／河合敦著『関ヶ原 敗者たちの復活戦』(グラフ社)／瀧澤中著『「戦国大名」失敗の研究 政治力の差が明暗を分けた』(PHP文庫)／三池純正著『九州戦国史と立花宗茂』(洋泉社)／三池純正著『敗者から見た関ヶ原合戦』(洋泉社)／本郷和人著『戦国武将の明暗』(新潮新書)／本郷和人著『戦国武将の選択』(産経セレクト)／加来耕三著『関ヶ原大戦』(学陽書房)／中村彰彦著『秘められた真相 関ヶ原合戦』(中公文庫)／桐野作人著『謎解き関ヶ原合戦 戦国最大の戦い20の謎』(アスキー新書)／鈴木眞哉著『戦国武将のゴシップ記事』(PHP新書)／濱田浩一郎監修『戦国武将のリストラ逆転物語』(エクスナレッジ)／歴史読本編集部編『ここまでわかった! 大坂の陣と豊臣秀頼』(新人物文庫)／山本博文著『島津義弘の賭け』(中公文庫)／別冊歴史読本戦国シリーズ⑥『関ヶ原に激突した男たちのドラマ! 天下分け目の関ヶ原』(新人物往来社)／歴史と旅『特集関ヶ原 戦国武将命運を分けた選択』(秋田書店)／歴史読本『特集関ヶ原全史』(新人物往来社)／別冊歴史読本『決断! 運命の関ヶ原』(新人物往来社)／歴史群像シリーズ4『関ヶ原の戦い』(学研)／歴史群像シリーズ40『大坂の陣』(学研)／歴史読本臨時増刊『謀略! 関ヶ原から大坂の陣へ』(新人物往来社)／角川書店編『日本史探訪12 関ヶ原と大坂の陣』(角川文庫)／松好貞夫著『関ヶ原役 合戦とその周辺』(新人物往来社)／『日本歴史館』(小学館)／ビジュアル・ワイド『江戸時代館』(小学館)／ジャパン・クロニック『日本全史』(講談社)／週刊百科『日本の歴史』(朝日新聞社)／『朝日 日本歴史人物事典』(朝日新聞社)

編著者

二木謙一（ふたき・けんいち）

1940年東京都生まれ。國學院大學大学院日本史学専攻博士課程修了。文学博士。國學院大學名誉教授。豊島岡女子学園中学高等学校理事長。『中世武家儀礼の研究』（吉川弘文館）でサントリー学芸賞を受賞。NHK大河ドラマ「平清盛」「江～姫たちの戦国～」「軍師 官兵衛」ほか多数の風俗・時代考証を手がけたことで知られる。主な著書に『関ヶ原合戦—戦国のいちばん長い日』『大坂の陣—証言・史上最大の攻防戦』（以上、中公新書）、『徳川家康』（ちくま新書）、『中世武家の作法』『武家儀礼格式の研究』『時代劇と風俗考証』（以上、吉川弘文館）、監修に『本当は全然偉くない征夷大将軍の真実』（ＳＢ新書）など多数。

執筆協力・海童 暖（かいどう・だん）

制作集団イストゥワールＦ2の主筆として執筆。主な主筆書に『東京の古墳を歩く』（祥伝社新書）、『本当は全然偉くない征夷大将軍の真実』（ＳＢ新書）など。本書では第一章以降を担当。

【大活字版】

「その後《ご》」が凄《すご》かった！　関《せき》ヶ原《はら》敗将《はいしょう》復活《ふっかつ》への道《みち》

2019年8月15日　初版第1刷発行

編著者　二木謙一《ふたきけんいち》

発行者　小川 淳

発行所　SBクリエイティブ株式会社

〒106-0032　東京都港区六本木2-4-5

電話：03-5549-1201（営業部）

装　幀　長坂勇司（nagasaka design）

組　版　有限会社フレッシュ・アップ・スタジオ

印刷·製本　大日本印刷株式会社

落丁本、乱丁本は小社営業部にてお取り替えいたします。定価はカバーに記載されております。本書の内容に関するご質問等は、小社学芸書籍編集部まで必ず書面にてご連絡いただきますようお願いいたします。

本書は以下の書籍の同一内容、大活字版です

SB新書「「その後」が凄かった！　関ヶ原敗将復活への道」

ISBN 978-4-8156-0215-4